Parapsicologia La Fascinazione per l'Invisibile

Alex Ever

1 – Introduzione della Parapsicologia La Fascinazione per l'Invisibile

La parapsicologia è una disciplina di studio che esplora i fenomeni mentali e percettivi che sembrano andare oltre i limiti ordinari della cognizione e della percezione umana. L'interesse per questo campo di studi risale a migliaia di anni fa, con riferimenti a tali fenomeni presenti in antiche culture e tradizioni spirituali di tutto il mondo. Tuttavia, la parapsicologia come disciplina scientifica è un'invenzione relativamente recente, che si sviluppa solo alla fine del XIX secolo, con l'emergere di società di ricerca e organizzazioni accademiche dedicate all'esplorazione di questi fenomeni anomali.

In questo capitolo breve, esploreremo in dettaglio la storia, le teorie, i metodi di ricerca e le critiche della parapsicologia, al fine di fornire una panoramica completa e approfondita di questo affascinante e controverso campo di studi.

Una Storia Complessa e Controversa

La storia della parapsicologia è costellata di aneddoti, leggende e racconti di fenomeni apparentemente inspiegabili che hanno catturato l'immaginazione e la curiosità dell'umanità per secoli. Dalle presunte capacità di chiaroveggenza e telepatia dei medium della fine del XIX secolo alle recenti ricerche sulla percezione extrasensoriale

(ESP) e la psicocinesi (PK), la parapsicologia ha sempre suscitato un misto di fascino, scetticismo e resistenza da parte della comunità scientifica e del grande pubblico.

Nonostante le sue origini antiche, la parapsicologia come disciplina scientifica moderna emerge solo nel tardo XIX secolo, quando le società di ricerca come la Society for Psychical Research (SPR) nel Regno Unito e la American Society for Psychical Research (ASPR) negli Stati Uniti iniziano a indagare su presunti fenomeni paranormali, con l'obiettivo di applicare metodi scientifici rigorosi per verificarne l'autenticità. Questi primi sforzi di ricerca portano alla luce una serie di casi ben documentati e studiati, tra cui il fenomeno della chiaroveggenza, la telepatia, la psicocinesi e la reincarnazione.

Tuttavia, la parapsicologia non è mai riuscita a guadagnare una piena accettazione come disciplina scientifica legittima, a causa della mancanza di prove empiriche concrete e della persistente resistenza da parte della comunità scientifica tradizionale. Nonostante tale resistenza, la parapsicologia continua a sopravvivere e prosperare come disciplina di nicchia, con un numero dedicato di ricercatori e appassionati che continuano a indagare su questi fenomeni affascinanti e misteriosi.

Teorie e Ipotesi alla Base della Parapsicologia
Le teorie e le ipotesi che cercano di spiegare i fenomeni parapsicologici sono numerose e variegate, spaziando da approcci pseudoscientifici a teorie più sofisticate e basate

su evidenze empiriche. Tra le teorie più popolari e influenti ci sono:

* **Campi Morfici**: Proposta dal biologo Rupert Sheldrake, la teoria dei campi morfici suggerisce che l'universo sia permeato da campi invisibili che collegano e influenzano tutte le cose viventi, permettendo la trasmissione di informazioni e l'influenza reciproca a livello subconscio.
* **Teoria Quantistica della Mente**: Sviluppata dal fisico F. David Peat, la teoria quantistica della mente cerca di spiegare i fenomeni parapsicologici come risultato della natura non locale e interconnessa dei sistemi quantistici, che consentirebbe la trasmissione di informazioni istantanea e a lunga distanza.
* **Psicologia Transpersonale**: Questa branca della psicologia si occupa degli aspetti spirituali e trascendenti della coscienza umana, esplorando come tali aspetti possano influenzare e spiegare i fenomeni parapsicologici.

Metodi di Ricerca e Critiche

I metodi di ricerca utilizzati nella parapsicologia sono simili a quelli utilizzati in altre discipline scientifiche, con un forte accento sulla riproducibilità, l'oggettività e l'accuratezza dei dati. Tuttavia, la parapsicologia è spesso criticata per la mancanza di prove empiriche concrete e per la persistente presenza di errori metodologici e di bias di conferma nei suoi studi.

Una delle principali critiche alla parapsicologia riguarda l'assenza di una base teorica solida e coerente, che rende difficile formulare ipotesi verificabili e prevedibili sui fenomeni studiati. Inoltre, la mancanza di collaborazione con altre discipline scientifiche e la difficoltà di replicare i risultati degli studi parapsicologici contribuiscono a minare la credibilità e l'affidabilità di questa disciplina.

Nonostante tali critiche, la parapsicologia continua a esercitare una forte attrazione per molti ricercatori e appassionati, che vedono in questo campo di studi il potenziale per approfondire la nostra comprensione della natura della mente, della coscienza e dell'universo.

La parapsicologia è un campo di studi affascinante e controverso, che esplora i fenomeni mentali e percettivi che sembrano andare oltre i limiti ordinari della cognizione e della percezione umana. Nonostante la mancanza di accettazione come disciplina scientifica legittima, la parapsicologia continua a sopravvivere e prosperare, offrendo un'alternativa attraente e stimolante alla visione tradizionale e riduzionista della realtà.

Sebbene la parapsicologia sia spesso criticata per la mancanza di prove empiriche concrete e per la persistente presenza di errori metodologici e di bias di conferma nei suoi studi, il suo potenziale per approfondire la nostra comprensione della natura della mente, della coscienza e dell'universo rimane innegabile e continuerà a ispirare ricerche e riflessioni per molti anni a venire.

2- Storia

La parapsicologia è una disciplina che studia i fenomeni
che sembrano andare oltre i limiti della percezione e del
comportamento umani convenzionali, spesso definiti come
"psichici" o "paranormali". Questi fenomeni includono
cose come la chiaroveggenza, la telepatia, la
precognizione, la psicocinesi e la reincarnazione. La
parapsicologia è una disciplina relativamente giovane,
avendo solo circa un secolo di storia, ma i fenomeni che
studia hanno affascinato e confuso gli esseri umani per
migliaia di anni.

Il termine "parapsicologia" fu coniato per la prima volta
nel 1889 dal filosofo e psicologo Max Dessoir, che cercava
di trovare un termine che descrivesse lo studio dei
fenomeni mentali anomali. Tuttavia, il vero inizio della
parapsicologia come disciplina scientifica risale al 1882,
quando il fisico e inventore William Fletcher Barrett e il
filosofo e storico Frederick Myers fondarono la Society for
Psychical Research (SPR) a Londra. Lo scopo della SPR
era quello di indagare scientificamente sui fenomeni
paranormali e di fornire una base empirica per la loro
esistenza o inesistenza.

Negli anni successivi, la SPR ha attirato molti ricercatori e
intellettuali di spicco, tra cui il filosofo e psicologo
William James, il fisico Oliver Lodge e il romanziere
Arthur Conan Doyle. Questi ricercatori hanno condotto

molti esperimenti e indagini su fenomeni come la telepatia, la chiaroveggenza e la psicocinesi, e hanno pubblicato i loro risultati in riviste scientifiche rispettabili.

Tuttavia, la parapsicologia non è stata sempre accolta con favore dalla comunità scientifica. Molti scienziati e accademici hanno respinto la parapsicologia come pseudoscienza, sostenendo che i fenomeni che studia non possono essere studiati scientificamente e che non ci sono prove sufficienti per dimostrare la loro esistenza. Questa opposizione ha reso difficile per la parapsicologia ottenere il riconoscimento e il finanziamento di cui aveva bisogno per prosperare come disciplina scientifica.

Nonostante queste difficoltà, la parapsicologia ha continuato a svilupparsi e a crescere come disciplina nel corso del XX secolo. Negli anni '30, il parapsicologo J.B. Rhine ha fondato il Parapsychology Laboratory presso l'Università Duke, dove ha condotto molti esperimenti sui fenomeni paranormali utilizzando metodi scientifici rigorosi. I risultati di questi esperimenti hanno fornito alcune delle prove più convincenti per l'esistenza dei fenomeni paranormali, e hanno contribuito a stabilire la parapsicologia come disciplina scientifica legittima.

Negli anni '60 e '70, la parapsicologia ha ricevuto una maggiore attenzione da parte della comunità scientifica, grazie in parte al lavoro del parapsicologo Russell Targ e del fisico Harold Puthoff presso il Stanford Research Institute. Questi ricercatori hanno condotto esperimenti sulla telepatia e sulla precognizione utilizzando tecnologie all'avanguardia come il laser e l'elettronica, e hanno pubblicato i loro risultati in riviste scientifiche rispettabili.

Tuttavia, la parapsicologia ha ancora affrontato una notevole opposizione e scetticismo da parte della comunità scientifica. Molti scienziati continuano a sostenere che i fenomeni paranormali non possono

3- Concetti fondamentali della parapsicologia

Come già visto la parapsicologia è una disciplina che studia i fenomeni cosiddetti "anomali" o "psichici", che sembrano andare oltre i limiti delle nostre attuali conoscenze scientifiche. Questi fenomeni includono la telepatia, la chiaroveggenza, la precognizione, la psicocinesi e la reincarnazione, tra gli altri. Anche se la parapsicologia non è ancora riconosciuta come una scienza esatta, ha attirato l'interesse di molti ricercatori e studiosi che cercano di comprendere meglio questi fenomeni e le loro implicazioni per la comprensione umana.

Uno dei concetti fondamentali della parapsicologia è quello di "psiche", che si riferisce alla mente o allo spirito di una persona. La parapsicologia considera la psiche come una realtà distinta dal corpo fisico, e che può esistere e operare indipendentemente da esso. In questo senso, la parapsicologia si avvicina alla metafisica, che studia la natura della realtà oltre il mondo fisico.

Un altro concetto chiave nella parapsicologia è quello di "energia psichica", che si riferisce all'energia che scorre attraverso la psiche e che può influenzare il mondo fisico. La psicocinesi, ad esempio, è lo studio della capacità di una persona di influenzare il mondo fisico con la sola forza del pensiero. Questo concetto è strettamente legato alla nozione di "campo energetico", che è una forma di energia che circonda ogni essere vivente e che può essere influenzata dalla psiche.

La telepatia è un altro fenomeno studiato dalla parapsicologia, che si riferisce alla capacità di una persona di comunicare con un'altra senza l'uso dei sensi convenzionali. Questo concetto è strettamente legato alla nozione di "mente collettiva", che si riferisce all'idea che la mente umana sia parte di un campo mentale più ampio che collega tutte le menti insieme.

La chiaroveggenza e la precognizione sono altri due fenomeni studiati dalla parapsicologia. La chiaroveggenza si riferisce alla capacità di una persona di vedere eventi o oggetti che sono al di là della percezione fisica normale, mentre la precognizione si riferisce alla capacità di una persona di prevedere il futuro. Questi fenomeni sono spesso associati alla nozione di "quarta dimensione", che si riferisce a una dimensione spazio-temporale che va oltre i tre dimensioni spaziali che conosciamo.

Infine, la reincarnazione è un altro concetto studiato dalla parapsicologia, che si riferisce all'idea che l'anima di una persona possa rinascere in un nuovo corpo dopo la morte. Questa nozione è strettamente legata alla nozione di "karma", che si riferisce alla legge di causa ed effetto che regola le azioni di una persona e le loro conseguenze future.

4- Metodi e tecniche di ricerca parapsicologica

Parapsicologia è lo studio delle esperienze mentali e fenomeni che sembrano sfidare le leggi della natura e della scienza convenzionale. Questi fenomeni includono telepatia, chiaroveggenza, precognizione, telecinesi, e la percezione extrasensoriale (ESP). I ricercatori in questo campo utilizzano una varietà di metodi e tecniche per studiare e indagare questi fenomeni.

Uno dei metodi più comuni utilizzati nella ricerca parapsicologica è la randomizzazione di eventi e la misurazione della risposta dell'individuo a tali eventi. Questo metodo è noto come "Ganzfeld esperimento" ed è stato utilizzato per studiare la telepatia e la percezione extrasensoriale. In questo esperimento, un "ricevitore" viene posto in una stanza con illuminazione uniforme e suoni bianchi, mentre un "mittente" in un'altra stanza cerca di trasmettere un'immagine o un pensiero al ricevitore. La risposta del ricevitore viene quindi registrata e analizzata per vedere se ha avuto successo nel ricevere il messaggio.

Un altro metodo utilizzato nella ricerca parapsicologica è la "visione remota", che è la capacità di vedere e descrivere luoghi e oggetti che sono fuori dal campo visivo dell'individuo. Questo metodo è stato utilizzato in esperimenti in cui i soggetti sono stati chiusi in una stanza e chiesto di descrivere luoghi e oggetti che si trovano in un'altra stanza o in un luogo lontano. I ricercatori quindi confrontano le descrizioni fornite dai soggetti con la realtà per vedere se ci sono corrispondenze.

La "psicometria" è un altro metodo utilizzato nella ricerca parapsicologica. Questo metodo si riferisce alla capacità di percepire informazioni su un oggetto o una persona attraverso il contatto fisico con esso. I ricercatori utilizzano questo metodo per studiare la capacità di individui di percepire informazioni su un oggetto o una persona semplicemente toccandolo.

Un'altra tecnica utilizzata nella ricerca parapsicologica è la "poligrafo", o "macchina della verità". Questo strumento è utilizzato per misurare le risposte fisiologiche di un individuo a determinate domande o stimoli. I ricercatori utilizzano questo strumento per studiare la capacità di individui di rilevare menzogne o percezioni nascoste.

In aggiunta a questi metodi e tecniche, i ricercatori in questo campo utilizzano anche la statistica e l'analisi dei dati per valutare l'evidenza dei fenomeni parapsicologici. Ad esempio, i ricercatori possono utilizzare la statistica per valutare la probabilità che i risultati di un esperimento siano dovuti al caso o a un vero e proprio fenomeno parapsicologico.

Tuttavia, la ricerca parapsicologica è ancora considerata una scienza di frontiera e molti dei fenomeni studiati non sono ancora stati scientificamente accertati. La maggior parte della comunità scientifica considera la parapsicologia come pseudoscienza a causa della mancanza di prove concrete e riproducibili.

Inoltre, ci sono anche preoccupazioni etiche e metodologiche nella ricerca parapsicologica. Alcuni critici sostengono che i ricercatori in questo campo non seguono le stesse procedure e standard etici utilizzati nella ricerca scientifica convenzionale. Ad esempio, alcuni ricercatori potrebbero non ottenere il consenso informato dei soggetti, o non utilizzare un gruppo di controllo adeguato.

Nonostante queste critiche, la ricerca parapsicologica continua ad essere un argomento di interesse per molti ricercatori e appassionati. La parapsicologia offre un'opportunità unica per esplorare e comprendere i misteri della mente umana e della realtà che ci circonda.

In sintesi, i metodi e le tecniche di ricerca parapsicologica includono la randomizzazione di eventi e la misurazione della risposta dell'individuo, la visione remota, la psicometria, e l'utilizzo della poligrafo. Tuttavia, la parapsicologia è ancora considerata una scienza di frontiera e i fenomeni studiati non sono ancora stati scientificamente accertati. Ci sono anche preoccupazioni etiche e metodologiche nella ricerca parapsicologica, ma la parapsicologia offre un'opportunità unica per esplorare e comprendere i misteri della mente umana e della realtà che ci circonda.

5- Fenomeni parapsicologici: telepatia

La telepatia è uno dei fenomeni parapsicologici più affascinanti e discussi nella storia dell'umanità. Questo misterioso potere di comunicare mentalmente senza l'uso dei normali canali sensoriali rimane oggetto di studio e controversia tra scienziati, studiosi e scettici.

Il termine "telepatia" deriva dal greco antico e significa "sentire attraverso la distanza". Si riferisce alla capacità di trasmettere e ricevere pensieri, emozioni o informazioni tra individui senza ricorrere ai mezzi di comunicazione convenzionali. Questo fenomeno sembra superare le barriere spazio-temporali, permettendo la comunicazione tra persone anche quando si trovano a distanza.

La telepatia è stata documentata in diverse tradizioni ed esperienze umane fin dai tempi antichi. Nella mitologia e nelle leggende di molte culture, si fa riferimento a individui con poteri telepatici straordinari, come gli oracoli dell'antica Grecia o i maestri yogi dell'India. Tali figure sono descritte come capaci di leggere i pensieri degli altri, di connettersi telepaticamente con esseri umani o anche con entità spirituali.

Tuttavia, la telepatia non è solo una questione di miti e leggende. Negli ultimi decenni, numerosi studi scientifici sono stati condotti per indagare e verificare l'esistenza di questa capacità. Alcuni di questi studi sono stati basati su test rigorosi, come l'uso di carte Zener, che consistono in una serie di carte con simboli (cerchio, quadrato, stella, croce e onda) in cui il mittente tenta di trasmettere telepaticamente il simbolo al ricevente.

I risultati di queste ricerche sono stati spesso contraddittori e soggetti a critiche. Mentre alcuni studi hanno riportato risultati incoraggianti, suggerendo che la telepatia potrebbe essere possibile, altri studi non hanno trovato alcuna evidenza significativa di poteri telepatici. Gli scettici sostengono che la telepatia sia solo il frutto del caso, della suggestione o dell'auto-inganno.

Tuttavia, ci sono molte persone che affermano di aver sperimentato la telepatia nella propria vita. Queste esperienze includono la sensazione di avere una connessione telepatica con una persona amata, la condivisione di pensieri o emozioni con un amico stretto o la percezione di un'intuizione improvvisa riguardo a un evento che sta accadendo a distanza.

Alcuni credono che la telepatia sia una capacità innata di tutti gli esseri umani, ma che sia soppressa o poco sviluppata nella maggior parte delle persone. Al contrario, esistono individui che sono dotati di una maggiore sensibilità e capacità telepatica. Questi individui possono aver sviluppato tale abilità attraverso una pratica intensiva di meditazione, visualizzazione o altri metodi di sviluppo della mente.

Inoltre, alcune teorie parapsicologiche suggeriscono che la

telepatia possa essere spiegata attraverso una sorta di campo energetico o di connessione energetica tra le menti degli individui. Questo campo energetico sarebbe in grado di trasmettere informazioni da una mente all'altra, consentendo la comunicazione telepatica.

Al di là delle teorie e delle esperienze personali, la telepatia rimane ancora un fenomeno enigmatico e difficile da spiegare scientificamente. La mancanza di prove solide e riproducibili ha spinto molti scienziati a scartare questa possibilità, relegando la telepatia all'ambito del paranormale o del soprannaturale.

Tuttavia, è importante mantenere una mente aperta e considerare che la scienza non può ancora spiegare tutto ciò che accade nell'universo. Alcuni fenomeni che una volta sembravano inspiegabili, come l'elettricità o la telepatia nella medicina psichiatrica, ora sono ben compresi e accettati dalla comunità scientifica.

In generale, è importante condurre ulteriori ricerche su questo affascinante fenomeno, continuando a indagare sulla possibilità che la telepatia possa essere reale. Solo attraverso approcci scientifici rigorosi e studi controllati sarà possibile ottenere prove attendibili per confermare o confutare l'esistenza della telepatia. Fino ad allora, rimarrà un mistero avvolto nell'incertezza e nell'interesse umano per l'ignoto.

6- Fenomeni parapsicologici: chiaroveggenza

La chiaroveggenza è uno dei fenomeni parapsicologici più affascinanti e discussi della storia. Si tratta della presunta capacità di percepire eventi, oggetti o persone al di là delle normali capacità sensoriali, in altri luoghi o in altri tempi. Questa abilità è stata attribuita a molte persone straordinarie nel corso della storia, tra cui veggenti, sensitivi, guaritori spirituali e persino alcuni santi.

Tuttavia, la chiaroveggenza rimane ancora oggi un fenomeno non scientificamente dimostrato, e la sua esistenza è ancora oggetto di dibattito e ricerca. In questo articolo, esploreremo più da vicino il fenomeno della chiaroveggenza, esaminando le sue origini, le sue caratteristiche e le teorie che lo circondano.

Origini e storia della chiaroveggenza

Il termine "chiaroveggenza" deriva dal latino "clarus" che

significa "chiaro" e "vesco" che significa "vedere". La chiaroveggenza è stata descritta in molte culture e tradizioni spirituali in tutto il mondo, con nomi e definizioni diverse. Ad esempio, nella cultura indù, la chiaroveggenza è nota come "trikala jnana" o conoscenza dei tre tempi: passato, presente e futuro. Nella cultura greca antica, la chiaroveggenza era associata alla figura della Sibilla, una sacerdotessa che era in grado di prevedere il futuro.

Nel corso della storia, molte persone hanno affermato di avere la capacità di chiaroveggenza. Tra questi ci sono figure storiche come Nostradamus, un veggente francese che ha vissuto nel XVI secolo e che è famoso per le sue profezie sul futuro. Anche alcuni santi cattolici, come Santa Teresa d'Avila e San Giovanni della Croce, hanno riferito di avere esperienze di chiaroveggenza.

Caratteristiche della chiaroveggenza

La chiaroveggenza può manifestarsi in molte forme diverse, ma ci sono alcune caratteristiche comuni che sono state identificate dagli studiosi di parapsicologia. Tra queste ci sono:

1. Percezione extrasensoriale: la capacità di percepire informazioni al di là dei cinque sensi normali. Questo può includere la visione di eventi passati, presenti o futuri, la percezione di pensieri o sentimenti di altre persone, o la capacità di sentire o toccare oggetti a distanza.

2. Visioni remote: la capacità di vedere luoghi o persone che si trovano lontani nello spazio o nel tempo. Questo può includere la visione di eventi che stanno accadendo in quel momento in un'altra parte del mondo, o la visione di eventi che si sono verificati in passato o che si verificheranno in futuro.

3. Premonizioni: la capacità di prevedere eventi futuri. Questa abilità è spesso associata alla chiaroveggenza, ma non è la stessa cosa. Una premonizione è una sensazione intuitiva che qualcosa accadrà in futuro, mentre la

chiaroveggenza comporta la visione di dettagli specifici degli eventi futuri.

Teorie sulla chiaroveggenza

Esistono diverse teorie sulla natura e sull'origine della chiaroveggenza. Alcuni ricercatori ritengono che la chiaroveggenza sia un fenomeno psichico, che si verifica a causa di cambiamenti fisiologici o neurologici nel cervello. Altri credono che la chiaroveggenza sia un fenomeno spirituale, che si verifica a causa di una connessione con una fonte di conoscenza superiore o con il regno spirituale.

Una teoria suggerisce che la chiaroveggenza sia una forma di "percezione non locale", che si verifica quando il cervello è in grado di accedere a informazioni che si trovano al di fuori del suo normale raggio di percezione. Questa teoria è stata supportata da alcuni esperimenti di parapsicologia, che hanno dimostrato che le persone possono percepire informazioni su oggetti o eventi che si trovano a distanza, anche quando non ci sono canali sensoriali noti che possono trasmettere tali informazioni.

Un'altra teoria suggerisce che la chiaroveggenza sia una forma di "intuizione estesa", che si verifica quando il cervello è in grado di elaborare informazioni inconscie o sottili che sono al di là della nostra consapevolezza cosciente. Questa teoria è supportata dal fatto che molti veggenti riferiscono di ricevere informazioni sulla base di sensazioni o impressioni sottili, piuttosto che di visioni o immagini chiare.

Infine, alcuni ricercatori hanno suggerito che la chiaroveggenza possa essere una forma di "memoria del futuro", che si verifica quando il cervello è in grado di registrare informazioni sul futuro prima che si verifichino. Questa teoria è supportata dal fatto che alcuni studi hanno dimostrato che il cervello è in grado di elaborare informazioni sul futuro prima che si verifichino, ad esempio quando si prevede il risultato di un'azione o di un evento.

Con il termine Chiaroudienza si indica sentire voci interiori,spirituali.

La chiaroveggenza rimane uno dei fenomeni parapsicologici più misteriosi e affascinanti della storia. Nonostante molte ricerche e studi, la sua esistenza non è stata ancora scientificamente dimostrata, e la sua natura e origine rimangono oggetto di dibattito e speculazione.

Tuttavia, la chiaroveggenza continua a suscitare interesse e fascino, e molte persone continuano a riferire di esperienze di chiaroveggenza. Se la chiaroveggenza sarà mai spiegata in termini scientifici o se rimarrà per sempre un mistero è difficile da prevedere. Tuttavia, la sua esistenza e il suo fascino continuano a ispirare e affascinare le persone in tutto il mondo.

7- Fenomeni parapsicologici: precognizione

La precognizione è uno dei fenomeni parapsicologici più affascinanti e controversi. Si tratta della capacità di prevedere eventi o situazioni future senza l'ausilio di informazioni o prove empiriche. La precognizione ha affascinato l'umanità per secoli e ha alimentato molte teorie e controversie.

Molti credono che la precognizione sia una capacità innata, presente in alcuni individui fin dalla nascita. Tuttavia, altri sostengono che sia una capacità che può essere sviluppata tramite l'allenamento e la pratica costante. Questa capacità di premonire il futuro è spesso associata a sogni premonitori o visioni durante uno stato di trance.

La precognizione ha radici antiche e si trova in numerose culture e religioni in tutto il mondo. Ad esempio, nell'antica Grecia e nell'antica Roma, le persone si affidavano agli oracoli per ottenere informazioni sul futuro.

Allo stesso modo, molte culture indigene hanno credenze e pratiche che coinvolgono la premonizione del futuro.

Nella società moderna, la precognizione è ampiamente studiata dalla parapsicologia, una branca della scienza che si occupa dello studio dei fenomeni paranormali. Gli studiosi cercano di comprendere i meccanismi che stanno dietro la precognizione e se sia possibile dimostrarla empiricamente.

Una delle teorie più diffuse riguardo alla precognizione è quella dell'inconscio collettivo, sviluppata dallo psichiatra svizzero Carl Gustav Jung. Secondo questa teoria, l'umanità condivide un archetipo inconscio che permette di accedere a informazioni universali al di là del tempo e dello spazio. Queste informazioni potrebbero essere percepite da individui con una maggiore sensibilità o apertura mentale.

Tuttavia, nonostante il fascino e l'attenzione che la

precognizione ha suscitato nel corso dei secoli, non esistono ancora prove scientifiche definitive a supporto di questa capacità. Alcuni studi hanno mostrato risultati positivi, ma spesso sono stati criticati per la mancanza di rigorosità scientifica o per la presenza di possibili spiegazioni alternative.

Un esempio è lo studio condotto nel 2011 da Daryl Bem, psicologo dell'Università di Cornell. Bem ha condotto una serie di esperimenti su studenti universitari, cercando di dimostrare che erano in grado di prevedere immagini positive prima che queste fossero mostrate loro. I risultati dello studio sono stati pubblicati sulla prestigiosa rivista scientifica Journal of Personality and Social Psychology e hanno attirato molta attenzione mediatica. Tuttavia, molti altri ricercatori hanno criticato il metodo e le conclusioni dello studio, sostenendo che i risultati potrebbero essere spiegati in modo diverso, senza necessariamente ricorrere alla precognizione.

Nonostante ciò, ci sono molte persone che sostengono di avere esperienze di precognizione nella loro vita quotidiana. Queste esperienze possono presentarsi come sensazioni intense o visioni che preannunciano eventi futuri. Alcune persone affermano di aver avuto intuizioni riguardo a situazioni specifiche, come la possibilità di ottenere un lavoro o incontrare una persona specifica. Altre sostengono di aver avuto sogni che si sono realizzati nel mondo reale.

È interessante notare che la precognizione non riguarda solo gli eventi futuri, ma può anche coinvolgere informazioni sul passato. Alcune persone sostengono di essere in grado di percepire informazioni su eventi passati senza aver avuto esperienza diretta di essi. Questa capacità è conosciuta come retrocognizione.

Nonostante la mancanza di prova scientifica definitiva, la precognizione continua ad affascinare e suscitare interesse in molte persone. Alcuni cercano di sviluppare questa capacità attraverso la meditazione, la pratica spirituale o l'ipnosi. Altri cercano fonti esterne di precognizione, ad esempio consultando veggenti o lettori di tarocchi.

In conclusione, la precognizione rimane un fenomeno parapsicologico affascinante ma altrettanto controverso. Nonostante le numerose testimonianze riguardo a esperienze di precognizione, la mancanza di prove scientifiche definitive continua a alimentare dibattiti e scetticismo. Mentre la parapsicologia continua a indagare su questo fenomeno, resta ancora molto da scoprire per comprendere appieno i meccanismi che stanno dietro la capacità di prevedere il futuro.

8- Fenomeni parapsicologici: psicocinesi o telecinesi

La parapsicologia è una disciplina scientifica che studia i fenomeni cosiddetti "anomali" o "paranormali", che sembrano violare le leggi naturali e le conoscenze scientifiche attuali. Tra questi fenomeni, uno dei più famosi e affascinanti è la psicocinesi (PK), che consiste nella presunta capacità di influenzare il mondo fisico con la sola forza della mente, senza l'uso di mezzi materiali o fisici.

La telecinesi, anche nota come psicocinesi o movimento di oggetti a distanza, è una presunta abilità paranormale che permetterebbe di muovere o influenzare oggetti fisici con la sola forza della mente, senza alcun contatto fisico o l'utilizzo di mezzi meccanici o elettronici. Sebbene la telecinesi sia spesso associata al mondo dell'occulto e della fantascienza, non esistono prove scientifiche concrete che ne dimostrino l'esistenza.

La storia della psicocinesi risale a migliaia di anni fa, ma è diventata particolarmente popolare nel XIX secolo, quando i medium e i sensitivi hanno iniziato a esibirsi in pubblico e a suscitare l'interesse del pubblico e della comunità scientifica. Tuttavia, la maggior parte di queste dimostrazioni si è rivelata essere frode o suggestione, e la psicocinesi è stata considerata una pseudoscienza o una superstizione.

Tuttavia, alcuni ricercatori e scienziati non hanno mai abbandonato lo studio della psicocinesi e hanno continuato a investigare i casi più interessanti e apparentemente autentici. Nel XX secolo, la psicocinesi ha guadagnato una nuova legittimità grazie all'opera di J.B. Rhine, un parapsicologo americano che ha sviluppato un metodo sperimentale rigoroso per studiare la PK e altri fenomeni paranormali. Rhine ha fondato il Parapsychology Laboratory presso la Duke University nel 1935 e ha condotto migliaia di esperimenti utilizzando carte da gioco, dadi e altri oggetti. I risultati di questi esperimenti hanno mostrato statisticamente significativi anomali, che Rhine ha interpretato come evidenza della realtà della psicocinesi.

Tuttavia, la ricerca sulla psicocinesi è ancora oggi oggetto di controversie e critiche. Molti scienziati e filosofi mettono in dubbio la validità e l'affidabilità dei metodi sperimentali utilizzati dai ricercatori della PK, e sostengono che i risultati anomali possono essere spiegati da errori statistici, suggestione o frode. Inoltre, la PK viola le leggi fondamentali della fisica e della biologia, e non ci sono teorie scientifiche consolidate che possano spiegare come sia possibile.

La parapsicologia è una disciplina che si occupa dello studio di fenomeni paranormali o psichici che vanno al di là delle leggi della fisica tradizionale. Uno dei temi più affascinanti che la parapsicologia indaga è la capacità umana di far materializzare oggetti immaginati, che appaiono quindi fisicamente e in modo tangibile.

Questo fenomeno è conosciuto come telecinesi o psicocinesi, che è la capacità di influenzare la materia senza alcun contatto fisico fisico diretto, ma solo con la forza della mente. Secondo i parapsicologi, queste manifestazioni sono possibili attraverso la manipolazione di energie sconosciute o tramite procedure mentali specifiche.

Nel corso della storia, sono stati numerosi i resoconti di persone che affermano di aver assistito o addirittura di aver esperito la capacità di far materializzare oggetti attraverso la volontà e la concentrazione mentale. I casi documentati riguardano principalmente oggetti di piccole dimensioni, come ad esempio monete, penne, anelli, o piccoli giocattoli.

Uno dei casi più famosi riguarda il medium scozzese Daniel Dunglas Home, vissuto nel XIX secolo. Home era noto per le sue abilità telecinetiche, e numerose testimonianze affermavano che gli oggetti si materializzavano durante le sue sedute. Ad esempio, pare che in una occasione Home abbia fatto cadere sul pavimento una pietra in seguito al comando dato mentalmente.

Anche il celebre medium scozzese Eusapia Palladino è stata oggetto di numerosi studi nel corso dell'Ottocento e del Novecento. Palladino, durante le sue sedute, era in grado di far muovere oggetti senza alcun contatto fisico, suscitando l'attenzione e la curiosità di molti studiosi. Durante queste sedute, è stato documentato che sia Palladino che gli oggetti si sollevavano da soli, venendo poi spostati nel vuoto senza alcuna forza visibile.

Anche se alcuni scienziati hanno tentato di spiegare questi fenomeni con argomentazioni razionali, come il principio dell'illusione o l'effetto di forze invisibili, molti parapsicologi considerano questi eventi come autentiche manifestazioni di telecinesi. Tuttavia, bisogna notare che gli esperimenti scientifici che provano l'effettiva esistenza di queste capacità sono alquanto limitati, e la comunità scientifica mainstream rimane scettica su tali affermazioni.

Un altro punto di discussione e di interesse nella parapsicologia è la possibilità di far materializzare oggetti immaginati attraverso la visualizzazione creativa. Secondo alcuni studiosi, la mente umana ha il potere di creare immagini mentali così vivide e reali da poter influenzare la realtà fisica stessa. Questa pratica viene spesso associata alla legge dell'attrazione, che afferma che ciò che pensiamo e immaginiamo si materializzerà nella nostra vita.

Un esperimento famoso che ha investigato su questa capacità è stato condotto da Vladimir Raikov, uno psichiatra russo del XX secolo. Raikov ha addestrato alcuni dei suoi pazienti a visualizzare se stessi come personaggi storici famosi. Secondo le testimonianze, questi pazienti hanno non solo acquisito le abilità e le conoscenze dei personaggi famosi, ma hanno anche dimostrato cambiamenti fisici, come l'aspetto fisico e la voce.

Tuttavia, va sottolineato che molti scettici mettono in

dubbio l'affidabilità di tali testimonianze e sostengono che spesso si basano su aneddoti e non su prove scientifiche solide. Inoltre, è importante evidenziare che queste teorie non godono di ampio consenso nella comunità scientifica generale, e sono considerate come pseudoscienze da molti ricercatori.

In conclusione, la capacità di far materializzare oggetti immaginati che appaiono fisicamente e materialmente è un argomento affascinante ma controverso nella parapsicologia. Nonostante esistano numerosi resoconti di persone che affermano di aver sperimentato queste manifestazioni paranormali, gli scienziati mainstream rimangono scettici e richiedono prove scientifiche solide per accettare tali affermazioni. La parapsicologia è una disciplina che continua a interrogare le possibilità della mente umana, ma rimane ancora un campo di studio in cui c'è bisogno di ulteriori ricerche e verifiche per confermare definitivamente l'esistenza di tali fenomeni paranormali e psi-chici.

Nonostante queste difficoltà, la ricerca sulla psicocinesi continua ad attirare l'interesse di molti ricercatori e appassionati. Alcuni di loro sostengono che la PK può essere una manifestazione della coscienza umana che va oltre i limiti della materia e dell'energia, e che può aprire nuove prospettive sulla natura della realtà e dell'universo. Altri vedono la PK come una potenziale risorsa per lo sviluppo di nuove tecnologie e applicazioni pratiche, come la guarigione mentale, la telepatia o la telecinesi.

Tuttavia, la maggior parte della comunità scientifica rimane scettica sulla realtà e l'importanza della psicocinesi. Per loro, la PK è ancora un fenomeno misterioso e controverso, che richiede ulteriori indagini e prove per essere accettato come una realtà scientifica. Solo il tempo e la ricerca diranno se la psicocinesi sarà un giorno riconosciuta come una vera e propria forza della natura, o se rimarrà una curiosità affascinante ma inafferrabile.

La psicocinesi è un fenomeno parapsicologico affascinante

e misterioso, che ha suscitato l'interesse e la curiosità di molte persone nel corso della storia. Nonostante le controversie e le critiche, la ricerca sulla PK continua ad essere un campo attivo e vivace, che offre nuove prospettive e sfide per la comprensione della natura della mente e della realtà. Sia che si creda o no nella realtà della psicocinesi, è indubbio che questo fenomeno continuerà a ispirare la fantasia e l'immaginazione delle persone per molti anni a venire.

9- Fenomeni parapsicologici: apparizioni e poltergeist

I fenomeni parapsicologici sono eventi che sembrano andare oltre le leggi naturali e che sono stati oggetto di studio da parte della parapsicologia, una disciplina che si occupa di investigare i fenomeni percettivi e cognitivi che non possono essere spiegati dalla scienza convenzionale. Tra i fenomeni parapsicologici più noti ed affascinanti ci sono le apparizioni e i poltergeist.

Le apparizioni sono esperienze soggettive in cui una persona percepisce la presenza di un'entità, spesso descritta come un defunto o un essere soprannaturale. Queste esperienze possono avvenire in diversi contesti, come ad esempio durante un sogno, in stati di coscienza alterata o in situazioni di forte stress emotivo. Le apparizioni possono essere accompagnate da una varietà di fenomeni sensoriali, come ad esempio visioni, suoni, odori o sensazioni tattili.

Esistono diverse teorie sulla natura delle apparizioni, tra

cui quelle di natura psicologica, spirituale o paranormale. Alcuni ricercatori ritengono che le apparizioni possano essere il risultato di processi mentali inconsci che portano a percepire entità o eventi che non sono realmente presenti. Altri invece sostengono che le apparizioni possano essere manifestazioni di spiriti o entità soprannaturali. Tuttavia, non esiste una teoria universalmente accettata sulla natura delle apparizioni e la loro esistenza rimane ancora oggetto di dibattito.

I poltergeist, invece, sono fenomeni parapsicologici che si manifestano con una varietà di eventi inspiegabili, come ad esempio rumori inesplicabili, oggetti che si muovono o scompaiono, luci che si accendono o spengono da sole, e altri fenomeni simili. I poltergeist sono spesso descritti come entità invisibili che causano caos e distruzione intorno a sé.

La natura dei poltergeist è ancora più enigmatica delle apparizioni e le teorie sulla loro origine sono numerose e variegate. Alcuni ricercatori ritengono che i poltergeist possano essere il risultato di processi mentali inconsci che causano fenomeni fisici, come ad esempio la psicocinesi, che permetterebbe a una persona di influenzare il mondo fisico con la mente. Altri invece sostengono che i poltergeist possano essere manifestazioni di spiriti o entità soprannaturali. Tuttavia, non esiste una teoria universalmente accettata sulla natura dei poltergeist e la loro esistenza rimane ancora oggetto di dibattito.

Nonostante l'interesse per i fenomeni parapsicologici come le apparizioni e i poltergeist, la scienza ufficiale ha difficoltà ad accettarli come fenomeni reali a causa della mancanza di prove concrete e della difficoltà di riprodurli in laboratorio. Tuttavia, ci sono state numerose segnalazioni di questi fenomeni in tutto il mondo e molte persone sostengono di averli vissuti in prima persona.

I fenomeni parapsicologici come le apparizioni e i poltergeist sono eventi affascinanti e misteriosi che hanno attirato l'attenzione di ricercatori e appassionati di tutto il mondo. Nonostante la mancanza di prove concrete e la difficoltà di spiegarli con le leggi naturali, questi fenomeni continuano a essere oggetto di studio e di dibattito nella comunità scientifica e non solo. La loro esistenza rimane ancora un mistero e forse lo sarà sempre, ma questo non impedisce a molte persone di continuare a crederci e a cercare di comprenderne la natura.

10- Fenomeni parapsicologici: fantasmi

La parapsicologia è una disciplina che studia i fenomeni percettivi, cognitivi e affettivi che sembrano andare al di là dei limiti ordinari delle nostre capacità mentali e fisiche. Tra questi fenomeni, i fantasmi sono tra i più famosi e affascinanti.

I fantasmi sono entità spettrali che si dice apparire a persone in determinate circostanze. Possono apparire come figure umane, animali o semplici forme di luce o ombra. Le descrizioni dei fantasmi variano ampiamente, ma la maggior parte delle persone li descrive come figure evanescenti, trasparenti o parzialmente invisibili.

Ci sono molte teorie sulla natura dei fantasmi. Alcune persone credono che i fantasmi siano spiriti di persone decedute che non sono riuscite a lasciare questo mondo. Altri credono che i fantasmi siano proiezioni mentali di persone viventi, create da forti emozioni o ricordi. Alcuni ancora credono che i fantasmi siano entità paranormali che esistono indipendentemente dalle persone e dai loro pensieri.

Nonostante le molte teorie, non esiste alcuna prova scientifica definitiva che dimostri l'esistenza dei fantasmi. La maggior parte dei ricercatori parapsicologici ritiene che i fenomeni riferiti come "fantasmi" siano in realtà il risultato di illusioni, allucinazioni o altri fenomeni naturali.

Tuttavia, ci sono state numerose segnalazioni di avvistamenti di fantasmi in tutto il mondo, e molte persone giurano sulla loro esistenza. In alcuni casi, i fantasmi sono stati ripresi in foto o video, anche se queste prove sono spesso considerate non attendibili o facilmente spiegabili con fenomeni naturali.

I ricercatori parapsicologici che studiano i fantasmi utilizzano una varietà di metodi per indagare su questi fenomeni. Possono utilizzare strumenti come termocamere, rilevatori di radiazioni e registratori di suoni per cercare prove fisiche di presenze spettrali. Possono anche intervistare persone che hanno avuto esperienze di fantasmi per cercare di capire le circostanze che circondano queste apparizioni.

In alcuni casi, i ricercatori parapsicologici utilizzano tecniche di ipnosi o regressione per aiutare le persone a ricordare le loro esperienze di fantasmi in modo più dettagliato. Queste tecniche possono essere utili per scoprire se le esperienze di fantasmi sono il risultato di ricordi repressi o di altre cause psicologiche.

Nonostante le numerose indagini e ricerche sui fantasmi, la loro esistenza rimane ancora un mistero. Alcune persone continuano a credere nella loro esistenza, mentre altri sono scettici. Tuttavia, i fantasmi continuano a essere una fonte di fascino e di curiosità per molte persone, e la ricerca sulla loro natura e sulla loro esistenza continua ad essere un'area attiva di studio nella parapsicologia.

I fantasmi sono una delle aree più affascinanti e misteriose della parapsicologia. Nonostante le molte teorie sulla loro natura, non esiste alcuna prova scientifica definitiva che dimostri la loro esistenza. Tuttavia, le numerose segnalazioni di avvistamenti di fantasmi e le prove aneddotiche suggeriscono che queste entità spettrali potrebbero esistere veramente. La ricerca sulla natura e sull'esistenza dei fantasmi continua ad essere un'area attiva di studio nella parapsicologia, e potrebbe un giorno fornire risposte a questo mistero secolare.

11- Fenomeni parapsicologici: altre dimensioni

Nei millenni, l'umanità è stata affascinata da eventi che sembrano sfidare le leggi della fisica: i cosiddetti fenomeni parapsicologici. Questi fenomeni spesso coinvolgono aspetti della realtà che vanno oltre la nostra comprensione e sembrano indicare l'esistenza di altre dimensioni.

Ma cosa sono esattamente queste altre dimensioni? E che ruolo giocano nei fenomeni parapsicologici? Iniziamo col chiarire che le dimensioni si riferiscono a livelli di realtà che coesistono con il nostro mondo fisico. Nella nostra esperienza quotidiana, ci muoviamo in tre dimensioni spaziali e una dimensione temporale. Ma secondo alcune teorie, potrebbero esistere altre dimensioni, nascoste e invisibili al nostro sistema di percezione.

Una delle teorie più accreditate sulle altre dimensioni è la teoria delle stringhe. Secondo questa teoria, almeno dieci dimensioni spaziali coesistono con la nostra. Ma perché non le percepiamo? Secondo gli scienziati, queste dimensioni extra sono molto probabilmente arrotolate su sé stesse in modo da essere incredibilmente piccole e recondite. Solo particelle subatomiche come i quark e i neutrini potrebbero interagire con queste dimensioni, lasciando il resto del mondo fisico completamente ignaro.

Ma come si collegano queste teorie scientifiche alle esperienze parapsicologiche? Molti fenomeni parapsicologici sembrano coinvolgere la comunicazione con entità o eventi provenienti da dimensioni diverse dalla nostra. Ad esempio, la telepatia, che è la capacità di comunicare a distanza senza utilizzare gli organi sensoriali, potrebbe coinvolgere l'interazione con dimensioni alternative. In qualche modo, il messaggio è in grado di superare le tre dimensioni spaziali e giungere direttamente al destinatario.

Allo stesso modo, la chiaroveggenza, cioè la capacità di vedere eventi remoti nel tempo e nello spazio, potrebbe essere attribuita all'accesso a dimensioni differenti. Se queste dimensioni extra esistono davvero, potrebbero essere collegamenti attraverso i quali la mente umana può viaggiare, permettendo di vedere eventi che accadono altrove o che sono ancora da verificarsi.

Nonostante non esista una prova scientifica definitiva dell'esistenza di altre dimensioni, ci sono casi documentati di persone che affermano di aver avuto esperienze paranormali o parapsicologiche. Ad esempio, ci sono storie di individui che affermano di aver sperimentato esperienze fuori dal corpo, in cui la loro coscienza sembra separarsi dal loro corpo fisico. Queste esperienze potrebbero essere spiegabili come il risultato di un viaggio della mente in altre dimensioni.

Anche gli incontri con entità paranormali potrebbero essere collegati alle altre dimensioni. Spesso, le persone che affermano di aver visto fantasmi o spiriti dicono di aver sentito una presenza vicina o di aver percepito una diversa energia nell'ambiente. Queste esperienze potrebbero essere il risultato dell'interazione con creature o entità che vivono in dimensioni diverse dalla nostra.

Tuttavia, è importante sottolineare che molti fenomeni parapsicologici sono ancora oggetto di dibattito tra scettici e credenti. Molti scienziati rifiutano l'esistenza di queste altre dimensioni e attribuiscono tali fenomeni a trucchi psicologici o a fenomeni naturali non ancora compresi. Inoltre, molti casi di presunti fenomeni parapsicologici possono essere spiegati da fattori psicologici o fisici, come illusioni ottiche o allucinazioni.

Nonostante le incertezze e le opinioni contrastanti, il fascino per i fenomeni parapsicologici rimane. L'idea che esistano dimensioni nascoste e misteriose che possiamo solo intravedere attraverso esperienze straordinarie cattura la nostra immaginazione e ci spinge ad approfondire la conoscenza dei nostri limiti e delle potenzialità della mente umana.

Le possibili altre dimensioni sono un concetto affascinante che potrebbe spiegare molti dei fenomeni parapsicologici che ci lasciano ancora perplessi. La scienza ha compiuto grandi passi nel comprendere il nostro universo e le sue leggi, ma ci sono ancora molte domande senza risposta. Forse, le risposte che cerchiamo si trovano proprio in quella dimensione nascosta, inaccessibile ai nostri sensi, ma che potrebbe essere la chiave per comprendere meglio la realtà che ci circonda.

12- Utilizzo della parapsicologia in ambito medico,forense e nella vita quotidiana

I fenomeni parapsicologici rappresentano un campo di studio affascinante e controverso che riguarda la percezione extrasensoriale, la telepatia, la chiaroveggenza, la psicocinesi e altri fenomeni che sembrano trascendere le leggi della fisica e della psicologia tradizionale.

L'utilizzo della parapsicologia in ambito medico viene spesso considerato come un'alternativa alle tradizionali terapie psicologiche e mediche. Ad esempio, la regressione ipnotica è una tecnica utilizzata per indurre un soggetto a tornare indietro nel tempo e rivivere eventi passati. Questa tecnica può essere utilizzata per accedere a memorie traumatiche o nascoste, in modo da poter affrontare e risolvere disturbi e traumi legati al passato. La parapsicologia, quindi, può svolgere un ruolo importante nel processo di guarigione di pazienti affetti da disturbi psicologici o fisici.

Nell'ambito forense, la parapsicologia può essere utilizzata come strumento per ottenere informazioni su casi irrisolti o misteriosi. Ad esempio, sensitivi o chiaroveggenti possono cercare di fornire indicazioni o suggerimenti riguardo a luoghi, persone o oggetti coinvolti in un crimine o in un'indagine. Tuttavia, è importante sottolineare che l'utilizzo della parapsicologia in contesti legali può essere considerato controverso e soggetto a critiche, in quanto molte delle tecniche utilizzate non sono scientificamente validate o riconosciute come affidabili.

Nella vita quotidiana, molti individui cercano risposte o conforto nella parapsicologia. La possibilità di comunicare con i defunti attraverso medium o la lettura dei tarocchi, ad esempio, è una pratica comune per coloro che sono alla ricerca di connessioni spirituali o desiderano ricevere messaggi da persone scomparse. Inoltre, ci sono persone che credono fermamente nella telepatia o nella capacità di percepire eventi futuri, e si affidano a questi fenomeni per prendere decisioni o anticipare gli esiti di determinate situazioni.

Va sottolineato, tuttavia, che la parapsicologia è un campo ancora in via di sviluppo e non esiste un consenso scientifico su molti dei fenomeni che ne fanno parte. La comunità scientifica ha spesso subito critiche nei confronti della parapsicologia, considerandola pseudoscienza o semplicemente frutto di suggestione o trucchi. Pertanto, è fondamentale mantenere un approccio critico e razionale nei confronti dei fenomeni parapsicologici, evitando di prendere decisioni importanti basandosi esclusivamente su tali credenze o pratiche.

Nonostante le limitazioni e le controversie che circondano la parapsicologia, non si può negare l'interesse che suscita nella società. La curiosità umana verso ciò che è misterioso, inspiegabile o sorprendente continua a spingere molte persone a esplorare il campo della parapsicologia, nella speranza di trovare risposte a domande che sfidano le leggi della razionalità.

Inoltre, la parapsicologia può offrire un importante contributo in campo scientifico, stimolando nuove sfide e approcci di studio. Sebbene molti dei fenomeni parapsicologici abbiano spiegazioni che non necessariamente ricadono nel campo dell'inspiegabile o del sovrannaturale, il loro studio potrebbe portare a nuove scoperte e comprensione delle diverse capacità umane, sia fisiche che sensoriali.

I fenomeni parapsicologici continuano ad affascinare molti individui e ricoprono ambiti diversi come quello medico, forense e della vita quotidiana. La parapsicologia può essere considerata come un'alternativa o un complemento alle tradizionali pratiche scientifiche e mediche, tuttavia è importante mantenere un approccio critico e razionale nei confronti di tali fenomeni, evitando di cadere in credenze infondate o pratiche che mancano di fondamento scientifico.

La parapsicologia applicata è una branca della psicologia che si occupa dello studio dei fenomeni paranormali e delle abilità umane che vanno al di là delle capacità sensoriali ed extrasensoriali.

La parapsicologia applicata è estremamente interessante perché si concentra sui fenomeni che non possono essere spiegati dalle leggi della fisica tradizionale o dalla scienza convenzionale. La disciplina si basa su prove scientifiche e sperimentazioni rigorose, cercando di portare luce su quei fenomeni che altrimenti sarebbero considerati inspiegabili.

Tra gli argomenti di studio principali della parapsicologia applicata ci sono la telepatia, la chiaroveggenza, la preveggenza, la telecinesi e la psicocinesi. Questi fenomeni sono considerati straordinari perché vanno oltre le capacità umane normali. La telepatia, ad esempio, si riferisce alla capacità di comunicare mentalmente con altre persone, senza usare i mezzi di comunicazione tradizionali come il linguaggio parlato o scritto. La chiaroveggenza, invece, è la capacità di percepire eventi o informazioni al di fuori del normale campo percettivo umano.

La parapsicologia applicata si avvale di varie tecniche e metodi di indagine per studiare questi fenomeni paranormali. Tra i più comuni ci sono i test di laboratorio, in cui si sottopongono persone dotate di abilità paranormali a prove controllate. Si utilizzano, ad esempio, test di telepatia in cui i partecipanti devono indovinare quale carta viene mostrata senza poterla vedere direttamente. In questo modo si cercano prove statistiche che dimostrino l'esistenza di queste abilità paranormali.

Un altro metodo utilizzato nella parapsicologia applicata è la ricerca sul campo. Gli investigatori visitano luoghi o persone che sono considerati particolarmente sensibili ai fenomeni paranormali e li studiano da vicino. Possono fare interviste, analizzare registrazioni audio o video, raccogliere dati scientifici e osservare il comportamento umano in relazione ai fenomeni paranormali.

Nella parapsicologia applicata si cerca anche di indagare sulle cause e gli effetti dei fenomeni paranormali. Per comprendere meglio come funzionano queste abilità extrasensoriali, gli studiosi esplorano le capacità cognitive e psicologiche delle persone che manifestano tali abilità. Si indaga su come certi stati mentali o emozionali possono influenzare la manifestazione di tali fenomeni.

I risultati della parapsicologia applicata possono essere applicati in diverse aree. Ad esempio, possono essere utilizzati in ambito medico per migliorare le tecniche di diagnosi e cura. Alcuni studi hanno dimostrato che i guaritori spirituali o i paragnosti possono avere un impatto positivo sulla salute dei pazienti. Inoltre, la parapsicologia applicata può essere utilizzata per migliorare le performance atletiche, la comunicazione nella polizia o nelle squadre di soccorso e per risolvere i casi di persone scomparse o misteri irrisolti.

E' importante sottolineare che la parapsicologia applicata è una disciplina controversa e non accettata unanimemente dalla comunità scientifica. Molti scienziati ritengono infatti che i fenomeni paranormali siano il risultato di trucchi o illusione, e che gli studi condotti in campo parapsicologico non siano affidabili. Altri studiosi, invece, ritengono che la parapsicologia applicata sia una scienza valida e che meriti di essere studiata con maggior rigore.

In conclusione, la parapsicologia applicata è una disciplina che si occupa dello studio dei fenomeni paranormali e delle abilità umane che vanno al di là delle capacità sensoriali ed extrasensoriali. Utilizzando tecniche e metodi di ricerca specifici, si cerca di indagare e comprendere questi fenomeni, e di applicarli in diversi contesti, come la medicina o l'investigazione di eventi inspiegabili. La parapsicologia applicata rimane però controversa nel panorama scientifico, con molti scienziati che mettono in dubbio la validità delle prove e delle metodologie utilizzate.

13- Esperienze di vicinanza alla morte (NDE)

Esperienze di vicinanza alla morte (NDE) sono avvenimenti straordinari e misteriosi che alcune persone sostengono di aver vissuto durante un periodo in cui si trovavano in prossimità della morte. Queste esperienze sono spesso descritte come profondamente spirituali e trasformative, in grado di cambiare radicalmente la vita di chi le ha vissute.

Le Near Death Experiences (NDE), ovvero le esperienze di pre-morte, sono fenomeni che coinvolgono un'ampia gamma di esperienze e sensazioni vissute da individui che si trovano in uno stato critico, vicini alla morte. Queste esperienze offrono testimonianze particolarmente interessanti su ciò che può accadere dopo la morte e su cosa possa aspettarci. La rilevanza e l'impatto delle NDE sulla vita delle persone che le hanno vissute sono state oggetto di ampio dibattito scientifico e teologico.

Un'esperienza di pre-morte può essere descritta come un

fenomeno in cui una persona, a seguito di una situazione di vita o di morte, come un grave incidente o una malattia terminale, entra in uno stato di coscienza alterato che si estende oltre i confini della realtà fisica. Durante queste esperienze, la persona può sperimentare una serie di eventi che vanno dall'uscire fuori dal proprio corpo, l'incontro con esseri di luce, la revisione della propria vita, la sensazione di pace e amore estremo, fino a raggiungere il confine tra la vita e la morte.

Molti individui descrivono sensazioni di leggerezza, di fluttuazione nello spazio, di una dimensione diversa che va oltre le leggi della fisica e delle convenzioni sociali. Alcuni affermano di vedere il loro corpo disteso da una prospettiva esterna, come se fossero spettatori di se stessi. Altri dicono di attraversare tunnel, di incontrare esseri luminosi o divini che emanano un amore incondizionato e una pace infinita. In alcuni casi, le persone riportano di avere incontri con familiari defunti o di incontrare entità spirituali che li guidano e li accompagnano durante l'esperienza.

Un elemento comune nelle esperienze di pre-morte è la revisione della vita. Molte persone riportano di vedere e rivivere i loro ricordi, compresi quelli più remoti, in una sorta di proiezione tridimensionale. Questa revisione può essere accompagnata da un sentimento di giudizio, di valutazione delle scelte fatte durante la propria vita. Alcuni descrivono questo processo come un bilanciamento tra le esperienze positive e negative, mentre altri affermano che questo processo è guidato da una profonda comprensione ed empatia.

Ciò che distingue le NDE dalle esperienze oniriche o allucinogene è il loro effetto duraturo e profondo sulla vita delle persone che le hanno vissute. Molti individui riferiscono di essere stati trasformati dalle loro esperienze di pre-morte. Dopo un'NDE, alcune persone cambiano radicalmente il loro stile di vita, diventando più spirituali, altruiste e compassionevoli. Riorganizzano le loro priorità, spesso dando importanza a aspetti più significativi della vita, come le relazioni interpersonali e l'amore.

La scienza ha tentato di spiegare le NDE attraverso spiegazioni razionali. Alcuni esperti suggeriscono che potrebbero essere il risultato di processi neurochimici nel cervello, come l'aumento della dopamina o l'attivazione di specifiche aree cerebrali. Altri suggeriscono che potrebbe essere causato da un misto di fattori fisiologici e psicologici, come l'effetto dell'ipossia cerebrale o la liberazione di endorfine.

Tuttavia, nonostante le numerose teorie, non esiste ancora una spiegazione completa ed esaustiva delle NDE. La complessità di queste esperienze, che sfidano i limiti della nostra comprensione attuale, rende difficile avere una spiegazione definitiva. Inoltre, le NDE sembrano presentarsi in modo eclettico e imprevedibile, non legate esclusivamente all'entità della lesione cerebrale o al tempo di mancanza di ossigeno.

Le esperienze di pre-morte sono state oggetto di interesse da parte di diversi settori, tra cui la psicologia, la neurologia e la spiritualità. Alcuni studiosi sostengono che le NDE possano essere una finestra aperta sulla realtà dopo la morte, fornendo così un argomento potente a favore dell'esistenza di una dimensione spirituale o di un'anima immortale. Altri studiosi, invece, offrono spiegazioni alternative, come la percezione distorta o la creazione di un'illusione mentale.

In conclusione, le NDE rappresentano un punto di incontro tra scienza e spiritualità, offrendo esperienze testimoniabili che sfidano i limiti della nostra comprensione attuale. Questi fenomeni si presentano come una porta aperta alla possibilità di una vita dopo la morte, con implicazioni profonde sul significato e sul senso dell'esistenza. Nonostante continui a mancare una spiegazione definitiva, le testimonianze delle persone che hanno vissuto queste esperienze ci invitano ad esplorare la possibilità di una realtà oltre la nostra esperienza terrena. Le NDE sono state oggetto di interesse da parte di esperti, tra cui medici, psicologi e filosofi, ma rimangono ancora un fenomeno poco compreso. Le persone che hanno avuto queste esperienze descrivono spesso una serie di sensazioni e percezioni che sembrano estendere la realtà conosciuta, superando i limiti della nostra comprensione razionale.

Una delle caratteristiche più comuni di queste esperienze è la sensazione di uscire dal proprio corpo. Molte persone riportano di aver guardato il proprio corpo da una prospettiva esterna, come se fossero diventati spettatori neutrali. Questo fenomeno è chiamato "out-of-body experience" (OBE) ed è spesso accompagnato da una sensazione di leggerezza e di fluttuazione.

Altri elementi comuni delle NDE includono un senso di pace, amore e benessere profondi, la sensazione di attraversare un tunnel luminoso e la visione di luoghi o esseri mistici. Alcune persone affermano di aver avuto incontri con parenti defunti o con figure spirituali di grande importanza per loro, mentre altre descrivono una sorta di "rivedere" la propria vita attraverso un processo di revisione, dove si compren- dano in modo chiaro le conseguenze delle proprie azioni.

Una delle caratteristiche più sorprendenti delle NDE è il fatto che queste esperienze sembrano avere un impatto duraturo sulla vita delle persone coinvolte. Molti coloro che hanno vissuto una NDE riportano una maggiore sensibilità spirituale, una maggiore compassione verso gli altri, e una nuova prospettiva sulla vita.

Le NDE possono accadere in diverse circostanze, come in seguito ad un incidente traumatico, una malattia grave o un intervento chirurgico, ma non sempre sono necessari eventi estremi per sperimentare questa sensazione di vicinanza alla morte. Alcune persone affermano di aver avuto una NDE durante uno stato di meditazione profonda o in seguito ad esperienze di tipo mistico.

Nonostante la natura affascinante di queste esperienze, ci sono ancora molti dubbi e dibattiti in merito. Gli scettici attribuiscono le NDE a una serie di fattori biologici e psicologici, come l'effetto di allucinogeni naturali rilasciati nel cervello in situazioni di estrema stress, oppure al risultato di processi cognitivi legati alla nostra percezione della morte imminente.

Le testimonianze di coloro che hanno vissuto una NDE sono spesso ricche di dettagli straordinari, che spesso sfidano la spiegazione scientifica tradizionale.

Una delle interpretazioni più comuni delle NDE è quella di un'esperienza mistica o spirituale. Secondo questa teoria, durante una NDE, l'anima si separa dal corpo e si trova in uno stato di coscienza trascendente, in cui si verifica una connessione diretta con un'altra dimensione o con una forza superiore. Molti individui che hanno avuto esperienze del genere parlano di una sensazione di pace, calma e beatitudine, descrivendo incontri con esseri di luce o entità angeliche. Alcuni riportano anche di aver avuto la percezione di una presenza divina o di un amore infinito.

Un'altra interpretazione delle NDE è quella di un processo neurologico che avviene nel momento della morte imminente. Secondo questa teoria, le NDE sarebbero il risultato di una serie di reazioni chimiche e neurologiche che si verificano nel cervello poco prima della morte. Alcuni scienziati sostengono che nel momento in cui il cervello è privo di ossigeno, si possono verificare allucinazioni e stati di coscienza alterati, che potrebbero spiegare le esperienze "oltretomba" riportate da coloro che hanno avuto una NDE. Questa teoria, tuttavia, non spiega completamente tutti gli aspetti delle NDE, come ad esempio le esperienze di incontri con persone decedute o la visione di eventi futuri.

Un'altra teoria affascinante è quella dell'esperienza fuori dal corpo (OBE). Secondo questa interpretazione, durante una NDE, la consapevolezza della persona è separata dal proprio corpo fisico e si sposta in un'altra dimensione. Alcuni individui che hanno avuto una NDE affermano di essere stati in grado di osservare il proprio corpo dall'esterno, descrivendo dettagli molto precisi che avrebbero potuto osservare solo se fossero stati al di fuori del proprio corpo fisico. Questa teoria suggerisce che la consapevolezza umana sia in grado di operare indipendentemente dal corpo fisico e potrebbe avere implicazioni significative sulla nostra comprensione della natura della coscienza e dell'esistenza stessa.

C'è anche chi interpreta le NDE come un modo per l'organismo umano di far fronte alla morte imminente. Secondo questa teoria, le NDE sarebbero una sorta di meccanismo di difesa psicologica che permette al cervello di creare una realtà alternativa per alleviare la paura e l'ansia associata alla prossimità della morte. Questa interpretazione suggerisce che le esperienze di NDE siano prodotti della nostra mente, piuttosto che esperienze di qualcosa di concreto o reale.

Infine, c'è chi vede le NDE come una fabbricazione umana, come testimonianze che non hanno alcun fondamento reale. Secondo questa teoria, le NDE sarebbero semplici allucinazioni o prodotti dell'immaginazione umana, generati da una combinazione di fattori psicologici, emotivi e culturali. Coloro che sostengono questa interpretazione argomentano che tutte le esperienze descritte durante una NDE possono essere spiegate come prodotti della mente umana e non come esperienze di qualcosa di soprannaturale o trascendente.

Nonostante le diverse interpretazioni sulle NDE, resta ancora molto da scoprire e comprendere su questo fenomeno. La scienza, pur avendo compiuto notevoli progressi nello studio delle esperienze vicine alla morte, non ha ancora una spiegazione definitiva per le NDE e il dibattito continua ad essere aperto. Indipendentemente dalle interpretazioni, le NDE continuano a suscitare un forte interesse nella comunità scientifica e nella società in generale, poiché offrono un'insight unico sulla natura della coscienza e sui misteri al di là della morte.

Alcuni scienziati hanno ipotizzato che le NDE possano

essere spiegabili da un aumento della dopamina nel cervello, che potrebbe generare uno stato di coscienza alterato e portare a esperienze di tipo mistico. Tuttavia, non esiste ancora una spiegazione definitiva per questo fenomeno, e molto del dibattito si basa sulla natura elusiva dell'esperienza di vicinanza alla morte.

Le esperienze di vicinanza alla morte (NDE) rappresentano un interessante campo di studio che spinge le nostre capacità di comprensione della realtà. Sono esperienze straordinarie e misteriose che sembrano allargare i confini della nostra esistenza e aprono nuovi orizzonti spirituali. Nonostante le diverse teorie e spiegazioni proposte dagli scienziati, le NDE rimangono un mistero da decifrare. Solo coloro che le hanno vissute possono testimoniare la loro intensa realtà e l'effetto duraturo che hanno avuto sulla loro vita.

Le Near Death Experiences (NDE) o esperienze di pre-morte rappresentano un fenomeno affascinante e ancora misterioso, che ha implicazioni significative per la parapsicologia e la scienza in generale. Queste esperienze, descritte da molte persone che hanno sfiorato la morte, includono una varietà di fenomeni soggettivi come la sensazione di lasciare il corpo, l'incontro con figure spirituali, la visione di una luce intensa e attraente, e la visione di eventi passati o futuri.

In primo luogo, le NDE hanno implicazioni importanti per la parapsicologia, che è lo studio delle esperienze mentali e dei fenomeni che sembrano andare oltre i confini della comprensione scientifica attuale. Le NDE spesso includono la sensazione di lasciare il corpo e l'osservazione di eventi da una prospettiva extracorporea, il che è noto come esperienze extracorporee (OBE). Queste esperienze possono essere considerate una forma di percezione extrasensoriale (PES), poiché sembrano avvenire al di fuori dei canali sensoriali convenzionali.

Inoltre, le NDE possono anche essere correlate a fenomeni di chiaroveggenza e precognizione. Alcune persone che hanno avuto NDE riferiscono di aver avuto visioni di eventi futuri o di aver acquisito conoscenze che non potevano essere spiegate dalla loro conoscenza precedente. Questi fenomeni possono essere considerati come forme di chiaroveggenza o precognizione, che sono state studiate a lungo nella parapsicologia.

In secondo luogo, le NDE hanno anche implicazioni per la scienza in generale, poiché sollevano questioni fondamentali sulla natura della coscienza e della realtà. Le NDE suggeriscono che la coscienza può esistere indipendentemente dal corpo e che la morte potrebbe non essere l'evento finale che la maggior parte delle persone pensa. Queste idee sono in contraddizione con la visione scientifica tradizionale della coscienza come un prodotto dell'attività cerebrale e della morte come la fine definitiva della vita.

Le NDE possono anche avere implicazioni per la comprensione scientifica della natura della realtà. Alcune persone che hanno avuto NDE descrivono una realtà non fisica e più profonda che va oltre la nostra comprensione attuale della realtà fisica. Queste descrizioni possono essere paragonate a teorie scientifiche come la teoria delle stringhe, che suggeriscono che l'universo potrebbe essere composto da più livelli di realtà o dimensioni.

Tuttavia, è importante notare che le NDE sono ancora un fenomeno poco compreso e che ci sono molte teorie e spiegazioni diverse per queste esperienze. Alcune teorie suggeriscono che le NDE siano causate da attività elettrica anormale nel cervello, mentre altre teorie suggeriscono che siano causate da sostanze chimiche rilasciate durante la morte imminente. Altre teorie ancora suggeriscono che le NDE siano esperienze spirituali o paranormali, che vanno oltre la comprensione scientifica attuale.

Le NDE hanno implicazioni significative per la parapsicologia e la scienza in generale. Questi fenomeni sollevano importanti questioni sulla natura della coscienza, della realtà e della morte, e offrono nuove prospettive sulla comprensione della natura umana e dell'universo. Tuttavia, è importante continuare a studiare e indagare su questi fenomeni in modo scientifico e obiettivo, al fine di acquisire una comprensione più profonda e completa di queste esperienze affascinanti e misteriose.

14. Reincarnazione e vite passate

La reincarnazione è una credenza che sostiene che l'anima sopravviva alla morte del corpo e venga poi ri-incarnata in un altro corpo. In altre parole, quando un individuo muore, la sua anima lascia il suo vecchio corpo e prende poi residenza in un nuovo corpo, in un nuovo ciclo di vita. Questa credenza è presente in molte tradizioni spirituali e religiose, in particolare nella filosofia induista e buddhista.

Secondo la filosofia induista, l'anima è immortale e segue un ciclo infinito di nascita, morte e reincarnazione, noto come samsara. In base alle azioni compiute nella vita precedente, l'anima viene ricompensata o punita con una vita successiva. Questo concetto è chiamato karma. Ad esempio, se una persona ha compiuto azioni virtuose nella sua vita precedente, sarà ricompensata con una vita migliore nella successiva. Al contrario, se ha svolto azioni malvagie, subirà una vita più difficile o addirittura una regressione sociale nella vita successiva.

Anche nel buddhismo, si sostiene che l'anima attraversi cicli di nascita e morte. Tuttavia, il buddhismo non parla di un'anima immortale, bensì si riferisce all'idea di anatta, che significa "non-sé" o "assenza di un sé permanente". Secondo questa concezione, l'individualità che si percepisce nel presente è solo una combinazione di elementi transitori. La continuazione della vita nel buddhismo è quindi più una questione di gestione del karma accumulato, piuttosto che di salvare un'anima indivisibile.

La dottrina della reincarnazione implica anche la possibilità che le vite passate influenzino la vita attuale di un individuo. Secondo questa concezione, le esperienze, le abilità e le inclinazioni che una persona possiede nella sua vita attuale possono essere il risultato di influenze e apprendimenti provenienti da vite passate.

Ad esempio, un bambino può essere naturalmente

talentuoso nella musica o nelle arti, senza aver mai ricevuto una formazione specifica. Questo potrebbe essere spiegato attraverso la reincarnazione, sostenendo che in una vita precedente, l'individuo ha sviluppato abilità in queste aree e le ha portate con sé nella vita attuale. Allo stesso modo, determinati tratti di personalità o fobie possono essere spiegati attraverso le esperienze vissute in vite passate.

La possibilità di vite passate solleva molte domande ed enigmi, come ad esempio se ci sia un limite del numero di volte che un'anima può reincarnarsi o se si possa raggiungere un livello superiore di consapevolezza in modo da interrompere il ciclo di reincarnazione. Alcune tradizioni spirituali, come il buddhismo, sostengono che esista l'opportunità di raggiungere lo stato di nirvana, un'illuminazione suprema che permette di uscire dal ciclo delle rinascite.

La credenza nella reincarnazione e nelle vite passate ha

diviso l'opinione pubblica e le opinioni degli studiosi.
Molti credono che il concetto di reincarnazione sia solo
una costruzione della mente umana per far fronte alla paura
della morte o come una spiegazione per molte delle
differenze individuali osservate nel mondo. Altri, invece,
credono che la verità sulla reincarnazione sia crollata nel
corso dei secoli a causa dello scetticismo e dell'assenza di
prove scientifiche concrete.

Alcune ricerche scientifiche hanno cercato di collegare la
reincarnazione alla memoria e ai fenomeni psichici. I casi
di bambini che sostengono di ricordare dettagli specifici di
vite passate hanno attirato l'attenzione di molti studiosi.
Alcuni di questi casi sono stati oggetto di studi rigorosi ed
esperimenti per verificare la veridicità delle affermazioni
dei bambini. Tuttavia, non esiste una prova scientifica
definitiva che dimostri in modo inequivocabile l'esistenza
delle vite passate e della reincarnazione.

La reincarnazione e le vite passate continuano ad

affascinare milioni di persone in tutto il mondo. Sono oggetto di dibattito tra coloro che credono in essa e coloro che sono scettici. Mentre la scienza non è ancora in grado di fornire una risposta definitiva su questo argomento, la reincarnazione rimane un tema di riflessione e speculazione per molte persone che cercano risposte sul significato ultimo della vita e sulla natura dell'anima umana.

La reincarnazione è una dottrina presente in molte culture e religioni nel corso della storia, che afferma la trasmigrazione dell'anima dopo la morte in un nuovo corpo. Sebbene non ci siano prove scientifiche conclusive a sostegno di questa teoria, ci sono state diverse ricerche e studi che cercano di indagare su questo fenomeno e di fornire spiegazioni plausibili.

Una delle teorie più note sulla reincarnazione è stata formulata dal filosofo greco Platone nella sua opera "Fedone". Platone sosteneva che l'anima è immortale e che dopo la morte del corpo, l'anima continua ad esistere e a ricercare nuove esperienze. In questo contesto, la reincarnazione è vista come un'opportunità per l'anima di imparare e crescere attraverso le esperienze della vita.

Un'altra teoria sulla reincarnazione è stata sviluppata dalla religione induista, che afferma che l'anima umana si reincarna in un ciclo di nascita, morte e rinascita chiamato samsara. Secondo questa dottrina, il destino di un'anima nella sua prossima vita è determinato dai suoi karma, o azioni compiute nella vita precedente. Le azioni positive portano a una rinascita in condizioni migliori, mentre le azioni negative portano a una rinascita in condizioni peggiori.

La religione buddista condivide la dottrina del samsara con l'induismo, ma ha una visione leggermente diversa dell'anima. Nella tradizione buddista, non si crede nell'esistenza di un'anima individuale e permanente, ma piuttosto in una serie di eventi mentali che si susseguono in un flusso chiamato stream of consciousness. Questo flusso continua anche dopo la morte e si reincarna in un nuovo corpo.

Ci sono stati anche alcuni studi scientifici che cercano di indagare sulla reincarnazione. Uno di questi studi è stato condotto dal dottor Ian Stevenson, un psichiatra e ricercatore della University of Virginia, che ha trascorso oltre 40 anni a studiare i casi di reincarnazione. Stevenson ha studiato oltre 3.000 casi di bambini che affermavano di ricordare vite precedenti e ha trovato alcune prove convincenti a sostegno di questa teoria.

Ad esempio, Stevenson ha scoperto che molti bambini che affermavano di ricordare vite precedenti erano in grado di descrivere in dettaglio luoghi, persone e eventi che non avrebbero potuto conoscere in alcun altro modo. In alcuni casi, i bambini sono stati persino in grado di identificare i loro "parenti" nelle vite precedenti e di fornire dettagli su come erano morti.

Un altro studio sulla reincarnazione è stato condotto dal dottor Jim Tucker, che ha continuato il lavoro di Stevenson alla University of Virginia. Tucker ha studiato oltre 2.500 casi di bambini che affermavano di ricordare vite precedenti e ha trovato prove simili a quelle di Stevenson. Tucker ha anche scoperto che molti di questi bambini mostravano segni di trauma o comportamenti insoliti che corrispondevano a eventi traumatici vissuti nelle loro vite precedenti.

Nonostante queste prove, la reincarnazione rimane una teoria non dimostrata e controversa. Molti scienziati e studiosi sono scettici nei confronti di questa idea e sostengono che non ci sono prove sufficienti per sostenere la sua validità. Tuttavia, la reincarnazione continua a essere una dottrina importante in molte culture e religioni e rimane un argomento affascinante e misterioso per molti.

I metodi di ricerca sulle vite passate sono una serie di tecniche e pratiche utilizzate per indagare e scoprire informazioni relative a vite precedenti di un individuo. Queste tecniche possono essere classificate in due categorie principali: quelle basate sulla memoria spontanea e quelle basate sulla regressione indotta.

Memoria spontanea:

La memoria spontanea si riferisce alla capacità di ricordare dettagli di vite passate senza l'ausilio di alcuna tecnica specifica. Alcune persone possono sperimentare ricordi spontanei di vite precedenti durante la meditazione, i sogni, o in momenti di relax mentale. Questi ricordi possono essere vividi e dettagliati, compresi nomi, luoghi, eventi e persino emozioni. Tuttavia, la memoria spontanea delle vite passate è considerata rara e pochi individui ne fanno esperienza.

Regressione indotta:

La regressione indotta è una tecnica utilizzata per indurre un individuo a raggiungere uno stato di coscienza alterato, in cui è possibile accedere a ricordi di vite passate. Questo metodo è più comune e può essere utilizzato da professionisti qualificati come ipnologi, psicoterapeuti e counselor. Esistono diversi metodi di regressione indotta, tra cui:

1. Ipnosi regressiva: L'ipnosi regressiva è una forma di ipnosi in cui il terapeuta guida il cliente in uno stato di coscienza alterato, in cui è possibile accedere a ricordi di vite passate. Durante l'ipnosi, il terapeuta pone domande specifiche al cliente, che risponde con dettagli delle sue vite precedenti. Questa tecnica richiede una formazione specifica ed esperienza da parte del terapeuta.

2. Tecniche di visualizzazione: Queste tecniche si basano sulla capacità dell'individuo di visualizzare se stesso in situazioni diverse. Il terapeuta guida il cliente in un

processo di visualizzazione, chiedendogli di immaginare se stesso in una situazione passata. Il cliente deve quindi descrivere ciò che vede, sente e sperimenta. Questa tecnica può essere utilizzata anche da soli, attraverso l'autoipnosi o la meditazione guidata.

3. Past-life therapy: La past-life therapy è una forma di psicoterapia che si concentra sulla guarigione emotiva e spirituale attraverso l'esplorazione delle vite passate. Questa tecnica si basa sulla premessa che i problemi emotivi e spirituali dell'individuo possono essere il risultato di esperienze negative vissute in vite precedenti. Durante la terapia, il terapeuta guida il cliente in un processo di regressione indotta per esplorare e guarire queste esperienze negative.

4. Quantum Healing Hypnosis Technique (QHHT): La Quantum Healing Hypnosis Technique è una forma di ipnosi regressiva sviluppata da Dolores Cannon. Questa tecnica si basa sulla premessa che l'individuo possiede una coscienza superiore che può accedere a informazioni sulle vite passate e sul futuro. Durante la sessione, il terapeuta

guida il cliente in uno stato di coscienza alterato e lo aiuta a entrare in contatto con la sua coscienza superiore per ricevere informazioni e guarigione.

È importante notare che i metodi di ricerca sulle vite passate non sono scientificamente provati e che le informazioni ricevute durante una sessione di regressione indotta non possono essere verificate in modo indipendente. Pertanto, è consigliabile avvicinarsi a queste pratiche con un atteggiamento critico e consapevole, e consultare solo professionisti qualificati e competenti.

Una delle critiche più comuni alla reincarnazione riguarda la mancanza di prove empiriche a sostegno della sua esistenza. I critici sostengono che non esiste alcuna evidenza scientifica che possa provare che la reincarnazione sia una realtà. Nonostante ci siano numerosi casi documentati di persone che affermano di ricordare vite passate, la maggior parte di questi casi non sono stati verificati in modo indipendente e non possono essere considerati come prove concrete della reincarnazione.

Inoltre, alcuni critici sostengono che la credenza nella reincarnazione può essere dannosa per le persone che soffrono di traumi o malattie mentali. Ad esempio, se una persona che ha subito un trauma grave crede di aver vissuto una vita passata in cui ha subito un'esperienza simile, questo potrebbe rafforzare il suo senso di vittimizzazione e impedirle di superare il trauma. Allo stesso modo, se una persona con una malattia mentale crede di essere stata punita per le azioni commesse in una vita passata, questo potrebbe peggiorare la sua condizione mentale e renderla più resistente al trattamento.

Un'altra critica alla reincarnazione riguarda il concetto di karma. Secondo la credenza nella reincarnazione, le persone sono ricompensate o punite nelle loro vite future in base alle loro azioni nelle vite precedenti. Tuttavia, molti critici sostengono che questo concetto può essere utilizzato come una giustificazione per la disuguaglianza sociale e la ingiustizia. Ad esempio, se una persona nasce in povertà o in una situazione di vita difficile, alcuni credenti nella reincarnazione potrebbero sostenere che questa persona sta subendo le conseguenze delle sue azioni nelle vite precedenti, anziché riconoscere le strutture sociali e economiche che possono contribuire alla sua situazione.

Ci sono anche controversie teologiche sulla reincarnazione all'interno di alcune religioni. Ad esempio, nella religione cristiana, la reincarnazione non è considerata una dottrina accettata. Alcuni cristiani credono che l'anima umana sia creata da Dio al momento della nascita e che non possa essere ricreata in un altro corpo dopo la morte. Altri, tuttavia, sostengono che la reincarnazione non è in conflitto con i principi fondamentali del cristianesimo e che può essere vista come una forma di rinascita spirituale.

Infine, ci sono anche critiche alla reincarnazione che derivano dalla filosofia e dall'etica. Alcuni filosofi sostengono che la reincarnazione può minare il senso di responsabilità morale delle persone. Se una persona crede che le sue azioni nelle vite future saranno influenzate dalle sue azioni nelle vite precedenti, potrebbe essere meno incentivata a comportarsi moralmente nella sua vita attuale. Allo stesso modo, se una persona crede di essere stata punita ingiustamente nelle sue vite passate, potrebbe essere meno incline a riconoscere la responsabilità delle sue azioni nella sua vita attuale.

In sintesi, la reincarnazione è una credenza che ha radici antiche e si trova in molte culture e religioni in tutto il mondo. Tuttavia, è anche una credenza che non è esente da critiche e controversie. Dalla mancanza di prove empiriche a sostegno della sua esistenza, alla possibilità che possa essere dannosa per le persone che soffrono di traumi o malattie mentali, alla possibilità che possa essere utilizzata come una giustificazione per la disuguaglianza sociale e la ingiustizia, alla controversia teologica all'interno di alcune religioni, alla minaccia che può rappresentare per il senso di responsabilità morale delle persone, ci sono molti argomenti che possono essere sollevati contro la reincarnazione. Tuttavia, nonostante queste critiche e controversie, la reincarnazione rimane una credenza popolare e radicata in molte culture e religioni, e continua ad essere un argomento di grande interesse e dibattito.

15- Visione remota

La visione remota, una pratica spesso associata alle capacità extrasensoriali dell'uomo, implica la capacità di percepire eventi o informazioni da luoghi remoti tramite la mente. Un individuo in grado di esercitare questa abilità è noto come "visualizzatore remoto".

La visione remota si basa sul concetto che la mente sia in grado di connettersi a livelli più sottili di coscienza, permettendo di accedere ad informazioni al di là delle limitazioni spazio-temporali. Mentre noi percepiamo il mondo attraverso i nostri cinque sensi, la visione remota suggerisce la possibilità di sperimentare la realtà in modo più ampio, adottando prospettive diverse da quelle estrinseche.

Per sviluppare la capacità di visione remota, è necessario praticare e allenare la mente. Gli esercizi di concentrazione e meditazione, ad esempio, permettono di calmarla e di accedere a livelli di coscienza più elevati. Una volta raggiunto uno stato di mente tranquilla e aperta, il visualizzatore remoto può iniziare a ricevere informazioni da luoghi lontani, che vengono percepiti attraverso visioni, sensazioni o intuizioni.

La tecnica principale utilizzata nella visione remota è la proiezione astrale, una pratica in cui la coscienza lascia momentaneamente il corpo fisico e viaggia verso luoghi distanti. Durante questa esperienza, il visualizzatore può osservare ed esplorare scene e ambienti che non potrebbe percepire con i suoi sensi fisici.

Da un punto di vista scientifico, la visione remota è stata oggetto di studio e ricerca intorno agli anni '70, quando il governo degli Stati Uniti ha avviato il progetto Stargate per sviluppare e addestrare persone dotate di queste capacità. Questo programma ha coinvolto numerosi studiosi e ricercatori e ha ottenuto risultati interessanti, anche se molto controversi.

Nel corso degli anni, molte persone hanno affermato di avere esperienze di visione remota, sia attraverso la proiezione astrale che mediante un'esperienza più passiva, in cui le informazioni semplicemente emergono nella mente. Tuttavia, queste affermazioni sono state accolte con scetticismo da parte della comunità scientifica, che considera la visione remota come una pseudoscienza.

E' importante sottolineare che la visione remota può essere utilizzata per vari scopi. Alcuni visualizzatori remoti si applicano per aiutare le forze dell'ordine a trovare persone scomparse o a individuare informazioni cruciali in casi di omicidio o rapimento. Altri, invece, utilizzano questa abilità per esplorare luoghi storici o antichi, facendo rivivere eventi passati, o per cercare risposte al di là di ciò che può essere raggiunto con le normali modalità di indagine.

Indipendentemente dalle spiegazioni o delle teorie scientifiche, la visione remota rappresenta un mondo affascinante e misterioso. Apporta una prospettiva diversa alla realtà che conosciamo, aprendo nuove possibilità per comprendere la natura umana e l'universo in cui viviamo.

Tuttavia, è importante mantenere un atteggiamento critico nei confronti della visione remota e di altre simili pratiche che implicano la percezione di eventi da luoghi remoti tramite la mente. Molti che sostengono di possedere queste capacità non hanno fornito prove concrete a sostegno delle loro affermazioni. Pertanto, è necessario approcciarsi a questa pratica con cautela ed evitare di cadere vittima di truffe o false promesse.

In conclusione, la visione remota rappresenta un argomento affascinante e controverso. Mentre alcuni sostengono di possedere questa abilità di percepire eventi da luoghi remoti tramite la mente, altri rimangono scettici e considerano la visione remota come una pseudoscienza. Nonostante le divergenze di opinione, la ricerca e lo studio continuano, spingendoci ad approfondire le potenzialità dellla mente umana e la sua connessione con l'universo.

16- Ipnosi regressiva

L'ipnosi regressiva è una tecnica che permette alle persone di esplorare e accedere a ricordi nascosti o a esperienze vissute in vite passate. È una pratica che si basa sull'ipnosi, uno stato di trance simile al sonno in cui la mente è altamente suggestibile e aperta a suggestioni verbali.

Iniziamo con il concetto di visione remota. La visione remota è la capacità di percepire e osservare eventi, luoghi e oggetti distanti nel tempo e nello spazio, senza essere fisicamente presenti. Questa abilità viene spesso associata ad esperienze di percezione extracorporea o di viaggio astrale, dove la mente sembra allontanarsi dal corpo fisico per esplorare altre dimensioni o realtà.

La visione remota può essere esplorata attraverso l'ipnosi regressiva, che permette di viaggiare indietro nel tempo e di rivivere esperienze vissute in vite passate. Secondo la teoria delle vite passate, ogni individuo avrebbe vissuto molteplici esistenze prima di quella attuale e avrebbe quindi accumulato una vasta quantità di esperienze e conoscenze.

Attraverso l'ipnosi, una persona può essere guidata in uno stato di trance leggero o profondo, dove la mente subconscia è raggiungibile e aperta agli stimoli esterni. Durante questa trance ipnotica, il soggetto può essere indotto a ricordare e rivivere esperienze passate attraverso la regressione.

Durante la regressione ipnotica, il soggetto viene guidato dal terapeuta a viaggiare indietro nel tempo fino all'evento o alla vita passata desiderata. Durante questo processo, il soggetto può sperimentare una serie di sensazioni, emozioni e percezioni legate alla vita passata. Queste esperienze possono essere molto intense e coinvolgenti, spingendo il soggetto a esplorare e a ricordare dettagli specifici e accurati.

È importante sottolineare che la regressione ipnotica e l'accesso alle vite passate tramite l'ipnosi sono considerate da molti come esperienze soggettive e intrinseche al soggetto. Alcuni scettici su questa pratica ritengono che le esperienze vissute durante la regressione possano essere frutto della vita immaginativa del soggetto o di suggestioni fornite dal terapeuta.

Tuttavia, ci sono anche molti casi riportati da persone che hanno sperimentato la regressione ipnotica e hanno rivelato dettagli accurati e verificabili riguardo a vite passate. Questi casi testimoniano l'efficacia e la validità di questa pratica come metodo per accedere a ricordi nascosti e sconosciuti.

Alcuni sostengono che l'ipnosi regressiva possa essere utilizzata come strumento terapeutico per affrontare e superare traumi o problemi emotivi che possono derivare da esperienze vissute in vite passate. Il processo di regressione può portare ad una maggiore comprensione di determinati modelli o comportamenti che si ripetono nella vita attuale, consentendo al soggetto di affrontarli e superarli in modo più consapevole.

In conclusione, la visione remota attraverso l'ipnosi regressiva è una pratica che permette di esplorare e accedere a ricordi nascosti o a esperienze vissute in vite passate. Sebbene ci siano opinioni contrastanti sulla validità e l'efficacia di questa tecnica, molti sostengono che abbia un impatto terapeutico significativo nel comprendere e affrontare sia traumi sia modelli comportamentali ricorrenti nella vita attuale.

17- La xenoglossia

La xenoglossia è un fenomeno linguistico e psicologico in cui una persona sembra essere in grado di parlare fluentemente una lingua sconosciuta senza averla mai appresa in precedenza. Questo fenomeno ha suscitato grande interesse e dibattito nella comunità scientifica, poiché solleva questioni riguardanti l'apprendimento delle lingue, la memoria, la coscienza e la possibilità di comunicazione con entità spirituali o extraterrestri.

Ci sono stati numerosi casi documentati di xenoglossia, molti dei quali si verificano in contesti di glossolalia, o "parlare in lingue", una pratica comune in alcune comunità religiose. Tuttavia, ci sono anche casi ben documentati di xenoglossia che non possono essere facilmente spiegati attraverso la glossolalia o altri fenomeni religiosi.

Uno dei casi più famosi di xenoglossia si è verificato negli anni '60, quando una donna di nome Dorothy Edwards ha iniziato a parlare fluentemente greco moderno durante una sessione di ipnosi regressiva. Edwards non aveva alcuna formazione o esperienza con la lingua greca e non era in grado di capire o parlare la lingua al di fuori della sessione di ipnosi. Gli esperti hanno testato le sue capacità linguistiche e hanno confermato che poteva parlare e capire il greco moderno in modo fluente e coerente.

Un altro caso ben documentato di xenoglossia si è verificato in India, dove una donna di nome Shiva verbalmente identificava oggetti in tedesco, una lingua che non aveva mai studiato o parlato prima. Gli esperti hanno confermato che i suoi discorsi in tedesco erano coerenti e grammaticalmente corretti, il che ha suscitato grande interesse e speculazioni sulla fonte delle sue capacità linguistiche.

Nonostante questi e altri casi documentati di xenoglossia, il fenomeno è ancora ampiamente dibattuto nella comunità scientifica. Alcuni ricercatori suggeriscono che la xenoglossia possa essere spiegata attraverso meccanismi neuropsicologici come la dissociazione o l'alterazione della coscienza, mentre altri mettono in dubbio l'autenticità dei casi stessi e sostengono che possano essere il risultato di frodi o autoinganno.

Ad esempio, alcuni ricercatori hanno suggerito che i casi di xenoglossia possono essere il risultato di fenomeni di glossolalia o parlare in lingue, che sono comuni in alcune comunità religiose. Durante la glossolalia, i parlanti producono suoni e sillabe che sembrano simili a lingue straniere, ma che non hanno senso o struttura linguistica coerente. Alcuni ricercatori sostengono che la glossolalia può essere il risultato di meccanismi neuropsicologici come l'attivazione di aree del cervello associate al linguaggio o la dissociazione, che possono portare a una produzione di suoni senza significato.

Tuttavia, ci sono anche casi ben documentati di xenoglossia che non possono essere facilmente spiegati attraverso la glossolalia o altri fenomeni religiosi. Ad esempio, il caso di Dorothy Edwards, che ha parlato fluentemente greco moderno durante una sessione di ipnosi regressiva, non può essere spiegato attraverso la glossolalia o altri fenomeni religiosi, poiché non era in grado di capire o parlare la lingua al di fuori della sessione di ipnosi.

Un'altra teoria suggerisce che la xenoglossia possa essere il risultato di meccanismi di memoria inconscia o rimozione. Secondo questa teoria, le persone che sperimentano

18- La criptognosi

La criptognosi è una disciplina che studia la capacità dei sensitivi di percepire informazioni sconosciute o nascoste. Questa forma di conoscenza extrasensoriale si basa sulla sensibilità ed esperienza dei soggetti coinvolti, che attraverso intuizioni, percezioni e visioni riescono ad accedere a informazioni altrimenti inaccessibili alla normale percezione umana.

I sensitivi, anche noti come medium o chiaroveggenti, sono individui con una sensibilità ampliata rispetto alla media delle persone. Sono in grado di percepire segnali o vibrazioni energetiche che entrano in contatto con il loro campo sensoriale e possono interpretare tali informazioni per comprendere eventi passati, presenti o futuri.

Il termine "criptognosi" deriva dal greco "crypto" che significa "nascosto" e "gnosi" che significa "conoscenza". Quindi, la criptognosi implica la capacità di percepire ciò che è nascosto alla vista comune. Questa forma di percezione si manifesta in modi diversi, da visioni interiori intense e chiare a percezioni istantanee delle emozioni o dei pensieri di una persona.

Per studiare la criptognosi, è necessario analizzare l'esperienza dei sensitivi e dei soggetti coinvolti in situazioni in cui l'informazione criptognostica è stata rivelata. Ad esempio, alcuni sensitivi sono capaci di percepire la presenza di spiriti o di comunicare con essi. In questi casi, i ricercatori devono investigare sulla veridicità di tali comunicazioni, sulla loro accuratezza e sulla coerenza delle informazioni fornite.

Un altro aspetto fondamentale della criptognosi riguarda la caratteristica degli eventi o informazioni percepiti. In alcuni casi, i sensitivi possono rivelare informazioni che non possono essere ottenute tramite la normale percezione umana, come dettagli di eventi futuri o l'ubicazione di oggetti o persone scomparse. Spesso, queste informazioni sono fornite attraverso intuizioni o visioni improvvise che sembrano provenire da una fonte al di fuori del soggetto stesso.

Uno dei metodi più comuni per studiare la criptognosi è attraverso l'esperimento. I ricercatori creano situazioni in cui i sensitivi sono esposti a informazioni nascoste, come carte con simboli o immagini sconosciute, e chiedono loro di descriverne il contenuto. Durante queste sessioni, i ricercatori registrano e analizzano le risposte dei sensitivi per determinare la loro accuratezza e validità.

Tuttavia, è importante sottolineare che non tutti i sensitivi sono in grado di percepire informazioni criptognostiche e che la criptognosi non ha una spiegazione scientifica o accettata universalmente. Molti scienziati relegano queste capacità alla suggestione o all'auto-inganno, sostenendo che i risultati siano il frutto di un processo mentale inconscio piuttosto che di una reale esposizione a informazioni nascoste.

Detto ciò, esistono numerosi casi documentati di sensitivi che hanno fornito informazioni criptognostiche rivelatesi accurate e utili. Queste esperienze aprono la porta al dibattito tra scettici e credenti, alimentando la discussione sulle potenzialità della mente umana e sui limiti delle conoscenze scientifiche attuali.

In conclusione, la criptognosi è una disciplina che studia la capacità dei sensitivi di percepire informazioni sconosciute o nascoste. Sebbene sia soggetta a dibattiti e controversie, l'esistenza di esperienze e risultati documentati fornisce un punto di partenza per ulteriori ricerche. La comprensione di questa forma di percezione extrasensoriale potrebbe aiutare a esplorare nuovi orizzonti nella nostra comprensione dell'universo e delle capacità umane.

19- La precognizione nei sogni

La precognizione nei sogni rappresenta un fenomeno affascinante e misterioso che ha affascinato l'umanità per secoli. Consiste nella possibilità di predire eventi futuri attraverso i sogni, fornendo informazioni dettagliate ed accurate su situazioni che si verificheranno in seguito. Questa abilità di percepire l'avvenire nel sonno ha attratto l'attenzione di psicologi, studiosi delle scienze umane e semplici appassionati di sogno, che cercano di analizzare e comprendere l'origine e la validità di tali premonizioni oniriche.

Per poter analizzare la presenza di informazioni future accurate predette nei sogni, è importante innanzitutto chiarire che siamo di fronte a un campo di studio ancora molto controverso e poco conosciuto. Nonostante numerose testimonianze e storie di persone che affermano di aver avuto visioni profetiche durante il sonno, non esistono ancora prove concrete e scientifiche che attestino in maniera inequivocabile l'esistenza della precognizione nei sogni.

Tuttavia, ci sono molti casi in cui i sogni sembrano preannunciare eventi futuri in modo preciso e dettagliato. Si parla spesso di "déjà vu" onirico, un senso di familiarità e riconoscimento che si prova quando un evento che si verifica nella realtà è stato già sperimentato in un sogno precedente. Questo può portare alcune persone a credere che i sogni siano in grado di fornire informazioni accurate sul futuro.

Per capire meglio come ciò sia possibile, molti ricercatori si sono concentrati sullo studio del funzionamento del cervello durante il sonno. Durante le fasi REM (movimento rapido degli occhi) del sonno, che è il periodo in cui si sogni con maggior frequenza, il cervello è particolarmente attivo e si pensa che attivi una serie di regioni cerebrali coinvolte nella memoria, nella creatività e nell'elaborazione delle emozioni. Questa attività cerebrale intensa potrebbe favorire il ricordo dei sogni e delle informazioni in essi contenute, permettendo al cervello di fare collegamenti tra eventi passati e futuri in modo inconsapevole.

Alcuni studiosi sostengono che la precognizione nei sogni possa essere il risultato di una sorta di "falso ricordo". Secondo questa teoria, il cervello potrebbe combinare frammenti di esperienze passate ed emozioni forti per creare un sogno che sembra preannunciare il futuro. Questo può spiegare perché spesso i sogni profetici siano emblematici, simbolici o in parte oscuri, perché il cervello sta cercando di elaborare e interpretare le informazioni che ha ricevuto.

Alcuni sostenitori della precognizione nei sogni ritengono che i sogni profetici possano essere il risultato della connessione con una dimensione superiore o di un'intuizione innata dell'individuo. Secondo questa visione, i sogni sarebbero capaci di accedere ad informazioni che il nostro cervello conscio non può raggiungere, fornendo così un'anticipazione degli eventi futuri. Tuttavia, sono necessarie ulteriori ricerche e studi per approfondire questa teoria e fornire prove concrete della sua validità.

Indipendentemente dall'origine dei sogni profetici, è importante sottolineare che non tutti i sogni sono in grado di prevedere il futuro in modo accurato. La maggior parte dei sogni è costituita da immagini e narrazioni che riflettono i pensieri, le esperienze e gli stati emozionali dell'individuo. L'interpretazione dei sogni è un'attività soggettiva e personale, che richiede una buona dose di introspezione e di autoanalisi per comprenderne il significato.

Per questo motivo, è essenziale evitare di fare interpretazioni rigide e letterali dei sogni profetici, cercando piuttosto di capire il messaggio simbolico o metaforico che il sogno può contenere. È importante anche fare una valutazione critica delle informazioni fornite dal sogno, cercando di verificare la loro veridicità ed affidabilità attraverso altre fonti e metodi, se possibile.

In definitiva, la precognizione nei sogni continua ad essere un argomento di grande interesse e dibattito tra scienziati, filosofi e persone comuni. Sebbene vi siano prove aneddotiche e personali che testimoniano l'esistenza dei sogni profetici, mancano ancora studi scientifici approfonditi per confermare o smentire definitivamente questa possibilità. Fino ad allora, la precognizione nei sogni rimane avvolta nel mistero, invitandoci a continuare ad esplorare e cercare di comprendere le meraviglie e le potenzialità del mondo onirico.

20- Il Controllo della temperatura del corpo

Il controllo della temperatura corporea: esplorare la capacità di aumentare o diminuire la temperatura del corpo volontariamente

L'essere umano è un organismo complesso e sotto molti aspetti estremamente adattabile. Uno degli aspetti più interessanti del nostro corpo è la sua capacità di regolare la temperatura interna. Il controllo della temperatura corporea è essenziale per mantenere l'equilibrio fisiologico e consentire al nostro organismo di funzionare in modo efficiente. Ma ciò che forse è ancora più affascinante è la possibilità di modificare volontariamente la temperatura del nostro corpo.

Prima di esplorare questa capacità, è importante capire come funziona il processo di regolazione termica nel nostro organismo. La temperatura corporea viene controllata da una parte del cervello chiamata ipotalamo, che funziona come un termostato interno. Quando la temperatura sale o scende al di fuori della norma, l'ipotalamo invia segnali al resto del corpo per riportare la temperatura nell'ambito dei limiti accettabili.

Normalmente, la temperatura corporea interna dell'essere umano si mantiene in un range di circa 36-37 gradi Celsius. Quando si è esposti a temperature elevate, il corpo risponde aumentando la sudorazione per raffreddarsi. Al contrario, quando si è in un ambiente freddo, si può sperimentare la sensazione di brividi, che aiuta a generare calore attraverso la contrazione dei muscoli.

Ma quali sono le possibilità di modificare volontariamente la temperatura del nostro corpo? Una tecnica che è stata studiata e utilizzata da secoli è la meditazione. Sia i monaci buddisti che i maestri di arti marziali hanno dimostrato la capacità di aumentare la temperatura corporea durante la meditazione profonda. Questa tecnica, conosciuta come tummo, è praticata nel buddismo tibetano e si dice che consenta ai monaci di sedersi all'aperto e resistere alle temperature estreme senza alcuna protezione.

Durante la pratica di tummo, i meditanti si concentrano sulla visualizzazione di una fiamma nel loro corpo e sul rafforzamento del calore attraverso la respirazione. Studi scientifici condotti su monaci tibetani hanno dimostrato che sono in grado di aumentare la temperatura corporea fino a 38,3 gradi Celsius, mentre la temperatura normale di un individuo sano è di circa 37 gradi Celsius. Questo suggerisce che tali pratiche possono influenzare il controllo della temperatura corporea in modo significativo.

Un altro esempio di modifica volontaria della temperatura corporea è l'uso della tecnica di esposizione al freddo. Allenando il corpo a resistere a temperature estreme, è possibile aumentare la tolleranza alle basse temperature e persino influenzare la temperatura interna del corpo. Questa pratica, conosciuta come crioterapia, è stata spesso utilizzata per migliorare le prestazioni atletiche e per il trattamento di alcune malattie.

Un esempio famoso di controllo della temperatura corporea tramite esposizione al freddo è rappresentato dai bagni di acqua fredda di Wim Hof, noto anche come "l'uomo di ghiaccio". Hof, un olandese che detiene numerosi record mondiali legati alla resistenza al freddo, ha sviluppato una tecnica che combina esposizione al freddo, respirazione e meditazione per controllare la sua risposta al freddo e, di conseguenza, incrementare la sua capacità di generare calore interno.

Questa tecnica, conosciuta come "metodo di Hof", ha attirato l'attenzione della comunità scientifica e numerosi studi sono stati condotti per indagare i meccanismi coinvolti. Uno studio pubblicato sul Proceedings of the National Academy of Sciences ha evidenziato che Wim Hof è in grado di controllare volontariamente la sua risposta immunitaria e la sua temperatura corporea, dimostrando così un elevato livello di adattabilità fisiologica.

È importante sottolineare che il controllo volontario della temperatura corporea è tutt'altro che facile da raggiungere e richiede tempo, pratica e una comprensione profonda delle potenzialità del nostro corpo. Nonostante ciò, gli esempi citati dimostrano che le possibilità di modifica della temperatura corporea sono reali e aperte a chiunque sia disposto ad impegnarsi.

In conclusione, il controllo della temperatura corporea è un aspetto affascinante dell'organismo umano. La capacità di modificare volontariamente la temperatura interna è una dimostrazione del potenziale adattativo del nostro corpo. Sia attraverso la meditazione profonda che l'esposizione al freddo, è possibile influenzare il termostato interno del nostro organismo e raggiungere risultati sorprendenti. Tuttavia, è importante sottolineare che queste pratiche richiedono cautela e consapevolezza, poiché la temperatura corporea è un meccanismo di regolazione vitale per il nostro corpo e deve essere preservata entro limiti salutari.

21- La telestesia

La telestesia è una capacità extrasensoriale che permetterebbe a un individuo di conoscere oggetti o eventi senza l'uso dei sensi tradizionali. Questa abilità è stata a lungo discussa in campo parapsicologico e spirituale, ma mancano prove scientifiche concrete che la supportino. Tuttavia, questo non ha impedito a molte persone di credere nella telestesia e di cercare di svilupparla.

La parapsicologia è la scienza che studia i fenomeni paranormali, tra cui la telestesia. Questa scienza è considerata pseudoscientifica dalla maggior parte della comunità scientifica, poiché mancano prove concrete che supportino l'esistenza di tali fenomeni. Tuttavia, la parapsicologia ha attirato l'attenzione di molti ricercatori e appassionati, che hanno cercato di indagare su questi misteriosi poteri extrasensoriali.

La telestesia è spesso associata alla chiaroveggenza, una

capacità che permetterebbe a un individuo di vedere eventi o luoghi remoti. Tuttavia, ci sono alcune differenze tra le due abilità. Mentre la chiaroveggenza si concentra sulla visione, la telestesia può includere anche altri sensi, come il tatto, l'udito o l'olfatto. Inoltre, la telestesia non richiede necessariamente la vista di immagini remote, ma può anche consentire la conoscenza di informazioni su oggetti o eventi senza alcun contatto fisico o visivo.

Esistono diverse teorie sulla natura della telestesia. Alcuni credono che questa capacità sia il risultato di un'abilità psichica innata, mentre altri pensano che possa essere sviluppata attraverso l'allenamento e la pratica. Alcune teorie suggeriscono che la telestesia sia il risultato di un'alterazione della coscienza, che permette all'individuo di accedere a informazioni altrimenti non disponibili. Altre teorie ancora sostengono che la telestesia sia il risultato di una connessione energetica o spirituale con l'oggetto o l'evento in questione.

Nonostante le numerose teorie, non esistono prove concrete che supportino l'esistenza della telestesia. La maggior parte degli studi su questo argomento sono stati condotti da ricercatori parapsicologici, che spesso mancano di rigore scientifico. Molti di questi studi sono stati criticati per la mancanza di controlli adeguati, la piccola dimensione del campione e la mancanza di riproducibilità dei risultati.

Tuttavia, ci sono state alcune ricerche condotte da scienziati tradizionali che hanno esplorato la possibilità della telestesia. Ad esempio, uno studio del 2004 pubblicato sulla rivista "Journal of Scientific Exploration" ha esaminato la capacità di individui di identificare oggetti nascosti in scatole chiuse. Lo studio ha rilevato che alcuni individui erano in grado di identificare correttamente gli oggetti più spesso del caso casuale, suggerendo che potrebbero avere una qualche forma di capacità extrasensoriale. Tuttavia, lo studio ha anche ammesso che i risultati potrebbero essere stati influenzati da fattori non paranormali, come la suggestione o la percezione subliminale.

Nonostante la mancanza di prove concrete, molte persone credono nella telestesia e cercano di svilupparla. Ci sono numerose tecniche e pratiche che vengono utilizzate per lo sviluppo della telestesia, tra cui la meditazione, la visualizzazione, l'allenamento della memoria e l'esercizio di abilità come la chiaroveggenza e la percezione extrasensoriale. Alcune persone sostengono di essere in grado di utilizzare la telestesia per scopi pratici, come la localizzazione di oggetti perduti o la diagnosi di malattie.

Tuttavia, è importante notare che la telestesia non è riconosciuta come una forma accettata di conoscenza o percezione dalla comunità scientifica. La maggior parte dei ricercatori e degli scienziati considerano la telestesia come un fenomeno non comprovato e privo di basi scientifiche. Pertanto, è importante essere cauti quando si considera l'utilizzo della telestesia per scopi pratici o quando si valutano le affermazioni di individui che sostengono di avere questa capacità.

In conclusione, la telestesia è una capacità extrasensoriale che permetterebbe a un individuo di conoscere oggetti o eventi senza l'uso dei sensi tradizionali. Questa abilità è stata a lungo discussa in campo parapsicologico e spirituale, ma mancano prove scientifiche concrete che la supportino. Nonostante la mancanza di prove, molte persone credono nella telestesia e cercano di svilupparla. Tuttavia, è importante essere cauti quando si considera l'utilizzo della telestesia per scopi pratici o quando si valutano le affermazioni di individui che sostengono di avere questa capacità. La telestesia non è riconosciuta come una forma accettata di conoscenza o percezione dalla comunità scientifica e, pertanto, deve essere considerata con scetticismo.

22- L'influenza mentale -controllo della menta altrui

L'influenza mentale: uno sguardo approfondito sulla capacità di influenzare o controllare il pensiero o il comportamento degli altri attraverso la mente.

L'influenza mentale è un fenomeno affascinante che ha attirato l'attenzione di scienziati, filosofi e appassionati di mistero da secoli. Si riferisce alla capacità di influenzare o controllare il pensiero o il comportamento degli altri attraverso la mente, senza l'uso di mezzi fisici o materiali.

Esistono molte forme di influenza mentale, tra cui la persuasione, l'ipnosi, la suggestione e la telecinesi. Queste forme di influenza mentale possono essere utilizzate in vari contesti, come la terapia, l'intrattenimento, la comunicazione e la manipolazione.

La persuasione è una forma di influenza mentale che si verifica quando una persona cerca di convincere un'altra a credere o ad agire in un certo modo. La persuasione può essere utilizzata in modo etico o non etico, a seconda delle intenzioni della persona che cerca di persuadere. Ad esempio, un insegnante può utilizzare la persuasione per convincere i suoi studenti a studiare di più, mentre un venditore può utilizzare la persuasione per convincere un cliente a comprare un prodotto di cui non ha bisogno.

L'ipnosi è un'altra forma di influenza mentale che si verifica quando una persona entra in uno stato di coscienza alterato, in cui è più suggestionabile e suscettibile alla guida degli altri. Durante l'ipnosi, una persona può sperimentare una varietà di cambiamenti fisici e mentali, come la riduzione del dolore, la memoria migliorata e la riduzione dello stress. L'ipnosi può essere utilizzata in vari contesti, come la terapia, l'intrattenimento e la ricerca scientifica.

La suggestione è una forma di influenza mentale che si verifica quando una persona accetta e agisce su un'idea o un'istruzione che è stata fornita da un'altra persona. La suggestion può verificarsi in modo consapevole o inconscio, e può avere un effetto temporaneo o duraturo sul pensiero o sul comportamento di una persona. Ad esempio, un medico può utilizzare la suggestion per convincere un paziente a smettere di fumare, o un amico può utilizzare la suggestion per convincere un altro amico a provare un nuovo ristorante.

La telecinesi è una forma di influenza mentale che si verifica quando una persona utilizza la mente per muovere o influenzare un oggetto senza l'uso di mezzi fisici o materiali. La telecinesi è considerata da molti come una forma di paranormale, e non ci sono prove scientifiche concrete che supportino la sua esistenza. Tuttavia, ci sono molte persone che affermano di avere la capacità di telecinesi, e ci sono anche alcuni studi scientifici che hanno esplorato la possibilità di questo fenomeno.

Gli studi sulla influenza mentale sono una parte importante

della ricerca scientifica, e ci sono molti scienziati e ricercatori che stanno attualmente esplorando i meccanismi e le implicazioni di questo fenomeno. Ad esempio, i ricercatori stanno studiando come la persuasione e l'ipnosi possono essere utilizzate in terapia per aiutare le persone a superare i problemi di salute mentale e fisica. Inoltre, i ricercatori stanno anche esplorando come la suggestion può essere utilizzata in marketing e pubblicità per influenzare le decisioni di acquisto delle persone.

Ci sono anche molte controversie e dibattiti sulla influenza mentale, e ci sono molte persone che mettono in dubbio la sua esistenza e la sua validità. Alcuni critici affermano che la influenza mentale è una forma di inganno o di manipolazione, e che non ci sono prove concrete che supportino la sua efficacia. Tuttavia, molti scienziati e ricercatori continuano a esplorare questo fenomeno e a cercare di comprendere meglio i suoi meccanismi e le sue implicazioni.

In conclusione, la influenza mentale è un fenomeno complesso e affascinante che ha attirato l'attenzione di molte persone da secoli. Ci sono molte forme di influenza mentale, tra cui la persuasione, l'ipnosi, la suggestion e la telecinesi, e queste forme possono essere utilizzate in vari contesti, come la terapia, l'intrattenimento, la comunicazione e la manipolazione. Gli studi sulla influenza mentale sono una parte importante della ricerca scientifica, e ci sono molti scienziati e ricercatori che stanno attualmente esplorando i meccanismi e le implicazioni di questo fenomeno. Nonostante ci siano controversie e dibattiti sulla influenza mentale, molte persone continuano a crederci e a esplorarne le possibilità.

23- La trasmigrazione della mente e del corpo

La trasmigrazione della mente, definita anche come la possibilità che la mente possa essere trasferita da un corpo all'altro dopo la morte fisica, è un concetto che affonda le radici in antiche tradizioni religiose e filosofiche. Sebbene questo concetto possa sembrare fantascientifico o spirituale per alcuni, ha affascinato e stimolato la curiosità umana per secoli.

La credenza nella trasmigrazione della mente è particolarmente diffusa nelle tradizioni religiose orientali come l'induismo e il buddhismo. Secondo queste dottrine, l'essenza della mente, chiamata anche "anima" o "spirito", è eterna e separata dal corpo fisico. Dopo la morte, la mente lascia il corpo e entra in un nuovo organismo, continuando il suo percorso evolutivo. Questo ciclo di rinascita può continuare per innumerevoli vite finché l'anima non raggiunge la liberazione spirituale o l'illuminazione.

Per comprendere meglio questo concetto, è necessario esaminare il concetto stesso di mente. Mente e corpo sono strettamente legati, ma possono anche essere distinti l'uno dall'altro. Mentre il corpo è il veicolo fisico che ospita la mente, la mente è il centro dell'intelletto e della coscienza. La mente è responsabile delle nostre emozioni, dei nostri pensieri e delle nostre percezioni. Può essere considerata come un'entità separata e indipendente dal corpo fisico.

Secondo la teoria della trasmigrazione della mente, quando una persona muore, la sua mente si separa dal corpo e continua il suo viaggio in un nuovo organismo. La mente trasferisce la sua esperienza, la sua conoscenza e il suo karma accumulato da una vita all'altra. Karma, nell'ambito di questa teoria, si riferisce all'effetto delle azioni compiute da un individuo durante la sua vita, che influenzeranno la sua rinascita successiva. Ad esempio, se una persona ha compiuto azioni virtuose e buone nel corso della sua vita, la sua rinascita successiva potrebbe essere in un corpo privilegiato o luminoso.

Questa teoria solleva numerose domande e riflessioni. Innanzitutto, se la mente può essere trasferita da un corpo all'altro, come viene mantenuta l'identità individuale? Se la mente di una persona viene trasmigrata in un corpo diverso, può ancora ricordare la sua vita precedente? Oppure, è completamente a digiuno della sua identità passata? La tradizione buddhista spiega che, mentre la mente trasferisce le sue esperienze, non può ricordare dettagli specifici della sua vita passata. Tuttavia, l'influenza delle esperienze passate è visibile nel carattere, nelle abitudini e nei talenti di una persona.

Un'altra domanda che sorge riguarda la possibilità di trasmigrazione della mente attraverso le specie. Secondo la dottrina della trasmigrazione, la mente può passare da un essere umano a un animale o viceversa. Questo solleva domande sul rapporto tra mente, coscienza e biologia. È possibile che una mente umana possa essere alloggiata in un corpo animale? Se sì, cosa significa in termini di coscienza e di esperienza di vita?

Sebbene queste domande rimangano aperte a interpretazioni e speculazioni, la teoria della trasmigrazione della mente offre un'interessante prospettiva sulla natura dell'esistenza e dell'identità umana. Rappresenta un'idea radicale che mette in discussione le nozioni tradizionali di morte e vita, aprendo la porta a nuove possibilità.

Tuttavia, è importante notare che la trasmigrazione della mente non è stata dimostrata scientificamente. È un concetto che appartiene principalmente alla sfera religiosa e filosofica. La scienza moderna non ha ancora trovato prove concrete per supportare o smentire questa teoria. Pertanto, la credenza nella trasmigrazione della mente rimane una questione di fede personale.

Nonostante ciò, la trasmigrazione della mente offre una

lente attraverso la quale possiamo esplorare la complessità dell'esistenza umana e della nostra relazione con il mondo che ci circonda. Ci invita a riflettere sulle nostre azioni, sulle conseguenze di queste azioni e sul potenziale per il cambiamento e la crescita spirituale. Che si creda o meno nella trasmigrazione della mente, questa teoria può offrire una prospettiva unica sulla vita e un'opportunità di esplorare il significato più profondo dell'esistenza.

La trasmigrazione del corpo è un concetto che fa parte delle credenze religiose e filosofiche di molte tradizioni spirituali, tra cui induismo, buddhismo e sikhismo. Si basa sull'idea che l'anima possa rinascere in un nuovo corpo dopo la morte.

Secondo questa concezione, l'anima è eterna e immortale, e durante il proprio percorso spirituale può trasmigrare in diversi corpi, sia umani che animali, a seconda delle azioni compiute nella vita precedente. In altre parole, quello che si è seminato in passato si raccoglie nel presente.

Questa credenza si basa sulla legge del karma, che sostiene che ogni azione compiuta nell'universo avrà una reazione conseguente. A seconda del comportamento e delle scelte fatte nell'attuale esistenza, si avranno delle conseguenze future che influenzeranno le futuri rinascite.

La legge del karma si basa su una dinamica di cause ed effetti, dove le azioni compiute condizionano il destino dell'anima. Se si agisce in maniera altruistica e positiva, si avranno conseguenze benefiche, mentre se si compiono azioni negative e egoistiche, si subiranno conseguenze negative.

La trasmigrazione del corpo è quindi il processo attraverso cui l'anima si muove da un corpo all'altro, cercando di apprendere e crescere attraverso le molteplici esperienze che il mondo materiale offre. Questo processo può ripetersi molte volte, in un'infinità di cicli di nascite e morti, chiamati samsara.

Il fine ultimo della trasmigrazione del corpo è però raggiungere la liberazione, ovvero l'uscita da questo ciclo continuo di rinascite. Secondo molte tradizioni spirituali, l'anima può raggiungere lo stato di moksha, nirvana o illuminazione solo quando ha appreso tutte le lezioni necessarie nella vita terrena.

Per raggiungere tale scopo, è necessario purificare l'anima e liberarsi dai desideri materiali e dalle passioni umane. Solo allora si può ottenere la liberazione finale dal ciclo delle rinascite. Questo cammino di purificazione può essere raggiunto attraverso il raggiungimento della conoscenza spirituale, la pratica della meditazione e l'aiuto di un maestro spirituale.

Molte tradizioni religiose offrono pratiche e rituali specifici per facilitare questo cammino di purificazione e ricerca spirituale. Ad esempio, nel buddhismo si pratica l'ottuplice sentiero e la meditazione vipassana, mentre nell'induismo si ricorre ai riti, alle offerte e ai pellegrinaggi ai luoghi sacri.

Nella trasmigrazione del corpo, l'anima attraversa diverse dimensioni dell'esistenza, in cui le esperienze e le lezioni da apprendere sono diverse. Si crede che queste esperienze siano parte di un processo di evoluzione spirituale, che porta gradualmente l'anima ad avvicinarsi alla saggezza e all'illuminazione finale.

Sebbene la trasmigrazione del corpo sia una credenza radicata in molte tradizioni spirituali, è importante notare che non è una nozione accettata da tutti. Alcune religioni, come il cristianesimo e l'islam, non credono nella trasmigrazione dell'anima, ma nella resurrezione del corpo nella vita dopo la morte.

La trasmigrazione del corpo è un concetto complesso e affascinante che fa parte delle credenze di molte tradizioni spirituali. Essa si basa sull'idea che l'anima possa rinascere in diversi corpi, a seconda delle azioni compiute e delle

lezioni da apprendere, nell'obiettivo finale di raggiungere

la liberazione dal ciclo delle rinascite.

24- I primi casi di studio della parapsicologia

1. Il caso di Kate e Margaret Fox: Nel 1848, Kate e Margaret Fox, due sorelle adolescenti, affermarono di essere in grado di comunicare con uno spirito che risiedeva nella loro casa. Queste affermazioni diedero inizio al cosiddetto fenomeno delle "battiture", in cui nessun agente esterno sembrava essere la causa dei rumori udibili.

2. Le cinque carte degli Zener: Negli anni '30, il dottor J.B. Rhine dell'Università di Duke iniziò una serie di esperimenti per testare la percezione extrasensoriale (ESP) utilizzando le cosiddette "cinque carte degli Zener". Queste carte mostravano simboli, come cerchi, quadrati, stelle, croci e onde, che i partecipanti dovevano indovinare in modo telepatico. Questi studi sono stati uno dei primi tentativi di evidenziare scientificamente la parapsicologia.

3. I fenomeni di levitazione di Daniel Dunglas Home: Daniel Dunglas Home era un celebre medium scozzese del

XIX secolo. Secondo i suoi sostenitori, Home riusciva a levitare nell'aria o a far levitare oggetti pesanti senza alcuna spiegazione fisica apparente. Questi fenomeni furono studiati da numerosi ricercatori dell'epoca, tra cui il fisico William Crookes.

4. Il caso di Eusapia Palladino: Eusapia Palladino era una medium italiana molto famosa all'inizio del XX secolo. Durante le sedute svolte con lei, si osservavano fenomeni come la levitazione di oggetti, gli spostamenti di mobili e i tocchi invisibili. Molti studiosi, tra cui Charles Richet, Georges Méliès e Hereward Carrington, hanno studiato e documentato i fenomeni che si verificavano nelle sedute con Palladino.

5. Il caso del poltergeist di Enfield: Negli anni '70, una famiglia a Enfield, Londra, ha affermato di essere vittima di un poltergeist. Durante gli anni di presunta attività poltergeist, oggetti si muovevano da soli, si udivano bang e rumori insoliti e le voci di bambini parevano provenire

dalle pareti. Questo caso è stato ampiamente studiato dai ricercatori, tra cui il giornalista Maurice Grosse e il parapsicologo Guy Lyon Playfair.

Indice

Alex Ever

Segui Alex Ever su: Instagram: **alexever_** su Youtube: **Alex Mystery Channel** e su Amazon per essere aggiornato sulle future pubblicazioni

Alex Ever, consegue due lauree in Giurisprudenza e Diritto d' Impresa e due Master in ambito economico giuridico.

Da sempre appassionato di mistero, horror, fantascienza e fantasy. Cura anche un canale youtube "Alex Mystery Channel"

Titoli pubblicati dell'autore:

Mutazioni Ignote

Il Massacratore di Five Points

Lo spettro di Jack lo Squartatore

L' Oggetto Proibito

Orrori di Altri Mondi

Vampirium Le Dinastie - Vol. 1

Lady Gotica Il Villaggio di Uther

Gli Abitanti della Scogliera

Vivian la Strega

La Magione delle Streghe

Il Mistero di Stefan

Il Vecchio Hotel

Strani Segnali dall'Isola

I Giorni del Gelo

Il Mistero dell'Homo Rettile del Po

Le Porte dell'Inferno

La Sedia del Diavolo

Racconti Inquitanti con la Tavola Ouija

Parapsicologia La Fascinazione per l'Invisibile